SHANDONGSHENG ZHONGXIAOXUE
XINLI JIANKANG JIAOYU
ZHIDAO SHOUCE

XINLI JIANKANG

山东省中小学心理健康教育

指导手册

张文新◎主编

U0854398

北京师范大学出版集团
BEIJING NORMAL UNIVERSITY PUBLISHING GROUP
北京师范大学出版社

图书在版编目(CIP)数据

山东省中小学心理健康教育指导手册／张文新主编．—北京：北京师范大学出版社，2022.9

ISBN 978-7-303-28124-4

Ⅰ．①山…　Ⅱ．①张…　Ⅲ．①心理健康—健康教育—中小学—教学参考资料　Ⅳ．①G444

中国版本图书馆CIP数据核字(2022)第141362号

SHANDONGSHENG ZHONGXIAOXUE XINLI JIAN-KANG JIAOYU ZHIDAO SHOUCE

出版发行：北京师范大学出版社 www.bnupg.com
北京市西城区新街口外大街12-3号
邮政编码：100088

印　　刷：北京溢漾印刷有限公司
经　　销：全国新华书店
开　　本：710 mm×1000 mm　1/16
印　　张：5.75
字　　数：80千字
版　　次：2022年9月第1版
印　　次：2022年9月第1次印刷
定　　价：19.90元

策划编辑：祝　蕾　　责任编辑：徐　玥　祝　蕾
美术编辑：姚昕彤　　装帧设计：汉风唐韵
责任校对：段立超　陈　民　　责任印制：李汝星

编委会名单

序

儿童青少年是国家的未来和民族的希望，其身心健康关乎国家人口质量、发展前途与民族复兴大业。党的十八大以来，党中央高度重视学生心理健康问题，明确提出要加强心理健康问题基础性研究，做好心理健康知识和心理疾病科普工作，规范发展心理治疗、心理咨询等心理健康服务。《中华人民共和国国民经济和社会发展第十四个五年规划和 2035 年远景目标纲要》和《“健康中国 2030”规划纲要》都对加强心理健康服务提出了明确要求，并着重强调“加强儿童心理健康教育和服务”。新修订的《中华人民共和国未成年人保护法》《中华人民共和国预防未成年人犯罪法》，以及教育部发布的《中小学心理健康教育指导纲要(2012 年修订)》《教育部办公厅关于加强学生心理健康管理工作的通知》等诸多法律和政策文件也对学生心理健康教育工作提出了明确要求。

学校心理健康教育是落实立德树人根本任务的重要组成部分，促进学生心理健康、培养学生积极心理品质是培育担当民族复兴大任的时代新人的必然要求。学校、家庭、社会等各个方面都要发挥各自优势，遵循学校心理健康教育规律和学生身心发展规律，充分利用课程教学、宣讲活动、咨询辅导和各类文体活动等多种形式，在全环境、全过程中做好对学生的知识普及、人文关怀和教育引导，着力培养和塑造学生自尊自信、勇敢坚强、担当奋斗、爱国敬业、诚信友善的心理品质和价值观念，为学生的全面健康成长打下坚实基础。

山东师范大学在学生心理发展研究与学校心理健康教育方面有鲜明的特色和优势。长期以来，张文新教授带领的团队致力于探讨儿童青少年情绪—社会性发展的规律及机制，开展了长达十年的大规模追踪研究，在国内开辟并引领了儿童攻击与校园欺凌、青少年积极发展等领域的研究工作，产出了一大批高水平科研成果，是我国心理学界一支重要的创新型研究队伍，也是山东心理学界的领军力量。

《山东省中小学心理健康教育指导手册》(以下简称《手册》)立足于近三十年来我国中小学心理健康教育的研究与实践积累，同时吸收和借鉴了国际上的学校心理健康教育先进理念、经验，是一本兼具科学性和实践性、本土特色与国际视野的学校心理健康教育指导性用书。本书具有以下三个特点。一是内容全面、结构合理。《手册》既阐明了学生心理健康与心理问题是什么和为什么产生，也详细介绍了学校该如何开展学生心理健康教育工作以及危机干预事宜。二是学理基础坚实、科学严谨。《手册》内容以心理学的科学研究结果为基础，心理问题识别与评估、心理危机干预等涉及的测查工具、方法、技术等均具有坚实的学理基础，并具有良好的实践检验效果。三是实用性强、易于操作。《手册》针对我国中小学生心理健康教育实践现状，突出实际功用，注重阐述示例，让学生心理健康教育工作的相关读者都能够读懂与使用。

《手册》的出版充分体现了山东省对学生心理健康教育工作的重视。山东是我国基础教育的大省，山东省建立起完善、科学的学校心理健康教育体系，将有助于带动我国学校心理健康教育水平的全面提升。《手册》不仅是山东省学校心理健康教育的指导用书，对全国中小学心理健康教育体系的建设与心理健康教育实践也有很强的指导意义和参考价值。

是为序。

董奇

2022 年 4 月

前　言

心理健康是健康的重要组成部分，良好的心理素质日益成为现代社会人才综合素质中的关键性因素。近年来，预防心理疾病、维护心理健康、提升心理素质成为公共健康领域的热点和重点问题。

做好中小学心理健康教育工作，具有特殊重要性。中小学阶段是个体快速发展的高可塑性阶段，也是个体毕生发展中形成底色、奠定基石的关键阶段。未成年人的心理健康状况在某种程度上预示着未来社会的国民心理健康水平和人力资源质量。从全人发展角度，心理健康是学生发展的重要组成部分，提升学生心理健康水平能够有效促进学生的学业发展与综合素质提升；从毕生发展角度，儿童青少年时期的心理健康是个体成年后心理健康的基本前提，未成年时期形成的良好心理素质是成年后不断自我发展与服务社会的重要保障；从社会发展角度，在未成年群体中开展心理健康教育，是一项惠及全社会且事半功倍的教育战略。

山东省委省政府高度重视学生身心健康与全面发展。2021年，依托山东师范大学心理学科，山东省学生心理健康发展中心(山东省学生发展与心理健康研究院)经山东省教育厅批准成立，作为全省学生心理健康教育研究指导服务平台，由山东省教育厅和山东师范大学共同管理。中心聚焦山东省学生心理健康教育实践，旨在统筹利用大中小学心理健康教育资源，推动相关科研成果转化应用，协助省教育厅加快推进全省大中小学心理健康教育体系建设，为培养德智体美劳全面发展的社会主义建设者和接班人贡献力量。

学校心理健康教育是一项系统性、科学性较强的工作，应遵循学生心理发展的规律和机制，基于心理学的基本原理，采用科学方法干预心理问题、维护学生心理健康、促进学生积极发展。学生发展根植于学校、家庭、社区等一系列嵌套的发展系统，学校心理健康教育需全员参与，全过程开展，全方位渗透，面向全体学生。学校是心理健康教育的主阵地，教师是维护学生心理健康的主力。但是，学校和教师不是学生心理健康教育的唯一主体。有效的心理健康教育，需要科学整合学校、家庭、社会等各方面的资源，建构科学的心理健康教育体系。

尽管全社会对学校心理健康教育的重要性和紧迫性已具有共识，但是长期以来，山东省乃至全国的学校心理健康教育工作仍存在诸多问题和不足。其一，专业化师资力量不足。许多中小学缺乏专职的心理健康教育师资队伍，相当一部分教师甚至缺乏基本的心理健康知识，这极大限制了心理健康教育工作的落实与推进。其二，部分教师对心理健康教育理念的理解有失偏颇。人们倾向于把心理健康等同于没有心理问题，把心理健康教育等同于对心理疾病的治疗。在这一理念下，一些学校把心理健康教育简化为针对少数学生的治疗与干预，甚至把心理健康教育工作排除在学校教育之外。其三，心理健康教育工作缺乏系统性和科学性。与前两个问题有关，当前的学校心理健康教育多为临时性、活动式的，如考前心理辅导、“5·25”学生心理健康日等，常规性、规范化程度不足；渠道单一，以心理教师的辅导和咨询为主，缺乏班主任、学科教师、家长及社会力量等多方的参与和协同。

鉴于这一现状，当前心理健康教育工作的重中之重是，面向教师、学生、家长等全体利益相关群体，开展心理健康教育知识科普，提升教师的心理健康素养与心理健康教育基本能力，指导学校建立科学的心理健康教育体系。在此背景下，山东省学生心理健康发展中心积极创新工作思路，借鉴国际先进经验，结合山东省学生心理健康教育工作实际，形成这本《山东省中小学心理健康教育指导手册》(以下简称《手册》)。

《手册》立足中小学生心理健康的维护与促进，以及心理问题的预防与矫治，内容涵盖学生心理健康的界定与分类、学校心理健康教育的组织与管理、中小学生的心理发展特点与常见问题、心理问题的筛查与识别、心理危机干预以及相关伦理规范等。《手册》旨在为中小学心理健康教育工作提供基本框架与行动指导，适用于中小学教育管理者、班主任、心理教师、科任教师以及学生家长等。

《手册》的发行是山东省学生心理健康发展中心面向中小学开展心理健康教育普及与指导的系列工作之一。我们希望，通过《手册》的发行，提高全省中小学教师对学生心理发展和心理健康教育的正确认识，帮助学校建立起科学可行的心理健康教育体系，切实提升全省中小学心理健康教育水平。

张文新

2022年4月

目　录

第一章　学校心理健康教育概论

一、心理健康

（一）心理健康的含义

心理健康不仅指个体没有心理疾病或精神障碍，社会生活适应良好，还指人格的完善和潜能的充分发挥，即在一定的客观条件下将个人心境发挥至最佳状态。从这一定义来看，心理健康有以下几方面的属性：

心理健康是一种心理状态，即个体与环境保持内外协调的心理状态；

心理健康是多维度的，身体健康是心理健康的基础，心理上和社会上的良好适应是心理健康的重要指标；

心理健康的本质是适应，个体在与环境的互动中能够通过自身调节系统做出能动积极的反应，进而保持个体与环境之间的良好平衡；

心理健康不仅包含当下的适应，也包含个体未来的积极发展。

1. 积极青少年发展视角下的心理健康

20世纪90年代之前，青少年发展研究在很大程度上一直以青少年“缺陷观”为基础，将青少年“病理化”和“问题化”。在该模型的影响之下，发展科学家关注的重点是“事情是如何变坏的”“如何解决青少年的问题”等，以至于儿童青少年的健康发展被等同于没有问题行为发生。20世纪90年代应运而生的新研究取向——积极青少年发展，为全面理解青少年身心健康提供了全新的理论视角和切入点。

事实上，无问题发生不等于发展良好。积极青少年发展观强调青少年自身所具备的健康发展潜力，主张应把青少年作为一种资源去培育，而不是作为问题去管理。换言之，积极青少年发展观主张：研究者和教育者应关注青少年如何充分、繁荣地发展而不是仅仅减少问题行为；要聚焦个体积极成长与发展的潜在能力、强调个体发展的积极方面和可塑性，重视个体与环境互动过程中的有效支持资源以及青少年的主观能动性。

在这一视角的影响下，心理健康的外延进一步扩展。心理健康不仅指没有心理疾病，甚至不仅指当下的适应良好，还包括个体的积极发展、优势和潜能的发挥。其中积极的心理品质主要包括能力、自信、联结、品格、关怀，合称“5C”积极心理品质。能力(competence)，指个体在社会、学业、认知、健康以及职业方面的良好表现；自信(confidence)，指个体拥有积极的自我价值感和自我效能感；联结(connection)，指个体与他人(同伴、家庭等)或机构(学校、社区等)建立积极的联系；品格(character)，指个体遵守社会或文化规范、行为表现良好、有是非观念、诚实等；关怀(caring)，指对他人有同情心，有共情能力。

2. 心理健康的三个层次

可以从以下三个层次来理解心理健康。

最低层次：没有心理疾病。个体的心理活动表现没有达到临床心理学对有关心理疾病的诊断标准，没有表现出明显的疾病症状，如妄想、自知力丧失、焦虑或抑郁障碍、身心功能失调等。这是心理健康的最低要求。对于个体而言，比较简单而直观的理解就是个体在心理活动方面没有明显的主观不适感，工作、学习、生活等基本的社会功能没有受损。

中间层次：心理功能健全，社会适应良好。具体讲，个体能够保持心理活动(知、情、意、行)的功能正常，彼此协调，人格稳定健全；同时能够对现实保持较好的感知，能够与他人建立良好的人际关系，社会适应功能良好。

最高层次：个体积极发展，达成自我实现。在发展过程中，很好地调节自己身心与社会的关系，最大限度地发挥自身的潜能，达到自我实现的理想状态，有效地为社会和人类做出贡献。

(二)心理健康的标准

根据心理健康的含义，以下几个方面是衡量心理健康的重要指标。

1. 认知正常

这里包含两层意思：首先，智力发展正常；其次，个体基本的认知过程正常，能够正确地反映外部世界，正视现实、接受现实，与客观现实能够保持一致。

2. 情绪稳定乐观

情绪稳定乐观是心理健康的主要指标。心理健康的人，积极情绪多于消极情绪，乐观、开朗、满足等情绪占主导地位；情绪比较稳定；能够适度表达和调节控制自己的情绪，当喜则喜，当忧则忧，且能够喜而不狂、忧而不绝，使自己的情绪反应与客观刺激相适应，并处于相对平衡的状态。

3. 意志品质健全

意志品质健全是指个体在行动过程中拥有自觉性、果断性、自制性和坚持性等良好的意志品质。心理健康的人能够自觉、独立、果断地确定行动的目的；在实现目的的过程中能根据活动的要求自觉调节和控制自己的行动，抑制不合理的欲望和冲动，使自己的行为指向目标；遇到挫折的时候，具有较高的耐挫能力，能根据客观情形的变化灵活调整自己的行动方案，克服困难，直至达成目标。

4. 行为表现正常

心理健康的人行为表现协调，反应适度。具体表现为以下特点：①行为连贯、统一，没有反复无常的表现；②行为反应的强度与刺激的强度相一致，既不异常敏感，也不过于迟钝；③行为方式符合年龄特征；④行为方式与社会角色相符。

5. 人际关系和谐

良好的人际关系是维护心理健康不可缺少的条件。心理健康的人乐于交往，有自己稳定的交往圈，并能从交往中体验到乐趣；在交往中的肯定性因素(如尊重、信任、理解、宽容、诚挚、礼貌、关心等)多于否定性因素(如憎恨、嫉妒、怀疑、畏惧、苛刻等)；掌握一定的人际交往技巧；在交往中既能保持独立完整的人格，又能与他人合群合作，能够关心帮助他人，建立和睦相处的人际关系。

6. 人格独立完整

人格也称个性，是个体固有的、稳定的、独特的心理特征的总和。人格健全的人，人格要素的发展协调统一，没有明显的缺陷与偏差；心理活动和行为方式统一；拥有优良的个性品质，具有高度的责任感和义务感；具有创造精神，自我发展良好，并能为社会做出贡献。

7. 自我意识正确

自我意识是人格的核心。个体的心理是否健康、人格是否健全很大程度上与个体自我意识的发展紧密相关。自我意识指个体对自己的各种身心状态的认识、体验和愿望，具体包括自我认知、自我体验、自我调控等方面。自我意识健全的人能够全面客观地认识评价自己，既不妄自尊大，亦不妄自菲薄；积极的自我体验(自尊、自信等)多于消极的自我体验(自负、自卑等)；具有较强的自我调控能力，能很好地调控自己的情绪和行为。

以上心理健康的标准针对的是一般人群。不同年龄阶段的人由于心理活动的特点不同，因此在心理健康的标准上也会有一些差异。与成年人相比，青少年正处于成长发育期，心理活动不够成熟、稳定，自我意识和人格的发展还不够独立健全，无论在生理、心理还是社会生活中都会面临某些发展性问题。因此，除上述七项标准外，在衡量儿童青少年的心理健康时还应考虑以下方面：

心理特点、行为方式符合年龄特征；

有一定的安全感、自信心和自主性；

对挫折和失败具有较高的承受力；

能与现实环境保持良好的接触与适应；

有现实的人生目标，有社会责任感。

(三)心理健康与心理异常

心理健康是一个相对的概念，心理健康的标准会随着不同文化、不同历史时期而有所变化。心理健康与心理异常的划分也不是绝对的，二者之间没有严格的界限，只有程度上的差异，不能因为个体在某些方面没有达到标准就简单地认为其心理不健康，还应该根据个人的具体情况做进一步评估。

长期以来，人们习惯性地认为人的精神正常与否是黑白分明的事情：要么是健康人，要么就是精神病患者。这是一种错误的认识。心理健康的灰色区理论认为(见图 1-1)：心理的正常与异常没有一个明确的界限，两者的中间有一个连续变化的过程。如果把心理正常比作白色，把心理疾病比作黑色，那么，在白色与黑色之间有一个巨大的灰色区。灰色区是非器质性精神痛苦的总和。灰色区又可进一步划分为浅灰色区和深灰色区：浅灰色区只有心理冲突而无人格障碍，通常包括诸如失恋、丧亲、人际关系失调、学习工作不顺心等生活矛盾带来的一般心理问题，是心理咨询的服务领域；深灰色区包括各种变态人格和神经症，如抑郁症、焦虑症、强迫症、恐惧症等心理危机，是心理治疗的服务领域。

(四)心理健康的重要性

心理健康是个体良好适应和长远发展的基本前提。系统的科学研究结果表明，心理健康能促进个体的学业发展。积极的人际关系、高水平的幸福感能促进学生的学业动机、学习投入。心理健康也能促进学生的社会性与情感发展。心理健康水平高的个体，能更好地应对压力和挫折，有更好

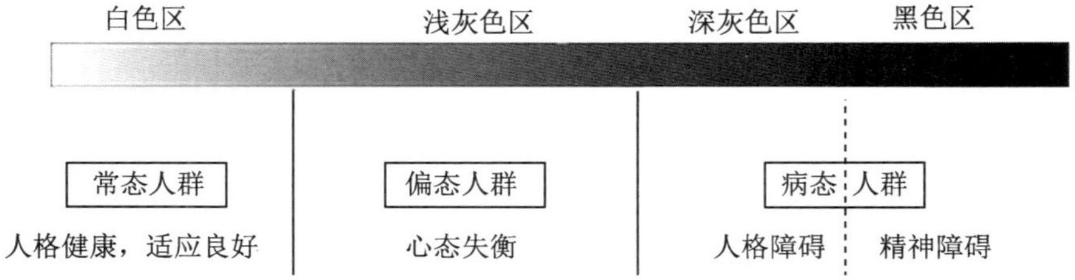

图 1-1 灰色区理论示意图

的人际关系、更适宜的行为方式和更积极的行为习惯，也能更好地规划未来。相反，经历人际关系困扰、抑郁焦虑等情绪问题、行为习惯不良等都会破坏学生的学业适应，使得他们不能集中精力、有效地参与学习，进而导致学业失败和糟糕的学业成绩，从长远看，会破坏个体的胜任力和未来的职业发展。

心理健康不仅关系到学生个体发展，也关系到全社会福祉。学生的心理健康水平预示着国家未来人力资源的质量。不仅如此，提升个体心理健康水平，也有利于保障社会经济发展。

二、学校心理健康教育

(一)学校心理健康教育的含义

学校心理健康教育就是运用心理学、教育学及相关学科的理论与技术，通过心理健康教育的途径和方法，帮助学生解决成长过程中的心理问题，促进学生心理素质全面提高和心理机能健康发展的一类教育活动。这类教育活动旨在促进学生身心的全面和谐发展和素质的全面提高，是素质教育的重要组成部分。

学校心理健康教育包含心理健康教育课程、心理健康教育活动、学科渗透、心理辅导等多种途径和方法，是对这类教育活动较为全面综合的总称。心理辅导、心理咨询与心理治疗均是心理健康教育的组成成分和重要途径。它们在服务对象、帮助者或实施者、工作任务、工作特点、工作方式等方面有所区别(见表 1-1)。

表 1-1　心理健康教育、心理辅导、心理咨询、心理治疗之间的区别

项目	心理健康教育	心理辅导	心理咨询	心理治疗
服务对象	覆盖全体学生	可面向全体学生	少数有心理困扰或轻、中度心理问题的来访者	有严重心理障碍的患者
帮助者/实施者	接受过心理学等相关专业训练的教师和辅导人员	接受过心理学等相关专业训练的教师和辅导人员	接受过系统性专业培训、有资质的心理咨询师	接受过系统性专业培训、有资质的心理咨询师和接受过医学训练的精神科医生
工作任务	既要面向全体学生进行心理健康知识和技能的普及与教育，也要帮助学生解决他们的心理问题	既关注学生的全面发展，也关注学生的特殊问题	主要关注个体的发展性问题，解决其面临的心理冲突，提高社会适应水平	关注心理障碍患者的症状，重在帮助患者消除症状，恢复健康
工作特点	促进、辅导和干预相结合，具有全面性、主动性和超前性	问题导向，以教育和辅导为主，具有主动性和超前性，重在发展与预防，也有个别干预	以咨询为主，既有一定的主动性和超前性，也有一定的被动性与滞后性，重在预防与矫治	以治疗为主，具有被动性与滞后性，以矫治与人格重建为主
工作方式	有校本课程、团体辅导、个别辅导等多种途径	既有团体辅导，也有个别辅导	主要是个别咨询或小组咨询	以个别治疗为主

(二)学校心理健康教育的功能

学校生活占据了学生日常生活的绝大部分时间。学校不仅仅是学生进行知识学习的场所，也是学生发展人际关系、培养健全人格的主要场所，因而学校是开展学生心理健康教育的主阵地。

1. 开展学校心理健康教育有利于促进学生全面发展

预防学生心理问题，保障学生身心健康。心理健康教育课程、心理辅导和心理咨询可以帮助学生应对生活压力、缓解情绪问题、培养健全人格。

培养学生的核心素养。中国学生发展核心素养以培养“全面发展的人”

为核心，分为文化基础、自主发展、社会参与三个方面。心理健康是核心素养的基本内容之一。核心素养的培养以自然科学知识、社会科学知识以及关于人自身的知识为基础。学校心理健康教育涉及的就是人自身的知识，目的是塑造学生健全人格、促进学生良好适应，学校心理健康教育是培养学生的核心素养的必要途径。

2. 开展学校心理健康教育有利于提升教育改革效果

学生的健康成长是素质教育的重要目标。学校心理健康教育是素质教育体系的重要组成部分，是推进素质教育的基础和前提，也是其内在要求。此外，心理健康教育也有利于促进课程改革，有助于强化学生为本的教育观念，有助于建立新型的师生关系，也有助于提升教育教学质量。

3. 开展学校心理健康教育有利于推动社会和谐发展

开展心理健康教育有利于促进学生的自我和谐、人际和谐以及人与环境的和谐。通过心理健康教育，可以促进学生认知、情感、行为等各方面的全面发展，实现人格的完整、健康与统一，有效促进学生的心理和谐与健康；可以促进学生建立和谐的同伴关系、师生关系、亲子关系，也为学生未来良好人际关系的建立打下基础；有利于学生理解生命的意义和价值，理解人与自然的关系，建立人与自然和谐发展的观念。

(三)学校心理健康教育的目标

教育部发布的《中小学心理健康教育指导纲要(2012 年修订)》(以下简称《指导纲要》)指出，心理健康教育的总目标是，提高全体学生的心理素质，培养他们积极乐观、健康向上的心理品质，充分开发他们的心理潜能，促进学生身心和谐可持续发展，为学生的健康成长和幸福生活奠定基础。具体目标是，使学生学会学习和生活，正确认识自我，提高自主自助和自我教育能力，增强调控情绪、承受挫折、适应环境的能力，培养学生健全的人格和良好的个性心理品质；对有心理困扰或心理问题的学生，进行科学有效的心理辅导，及时给予必要的危机干预，提高其心理健康水平。

基于《指导纲要》的要求以及心理健康的概念内涵分析，我们可以将心理健康教育的目标分为三个层次。

基础目标：防治心理疾病，增进学生心理健康。

一般目标：优化心理素质，促进学生全面发展。

终极目标：开发潜能优势，促进学生积极发展。

(四)学校心理健康教育的原则

1. 全面性原则

全面性原则是指心理健康教育工作要面向全体学生。全体学生都是心理健康教育的对象和参与者。学校的一切心理健康教育工作的设计、实施和组织都要着眼于全体学生的发展，考虑到绝大多数学生的共同需要和普遍存在的问题。

面向全体学生。心理健康教育不仅仅是对有心理困扰学生的辅导，更包括对全体学生进行心理健康知识和技能的普及与教育，因而心理健康教育要着眼于全体学生的健康发展。

面向学生生活的所有方面。儿童青少年处于人生心理发展的关键时期，他们在学习、社交、休闲、情绪和身体发育等方面都可能出现适应困难。因此，心理健康教育要面向学生的德、智、体、美、劳等所有方面。同时，要关注学生的特殊需求，并给予及时的心理援助。

2. 系统性原则

心理健康教育是一项系统性工作，覆盖学校教育的方方面面，贯穿学生学校生活的全部。

心理健康教育要融入学校日常教育活动中。心理健康教育并不是一项孤立的教育活动，也不是一项完全独立于学科教学之外的活动。心理健康教育与德育、智育、体育、美育、劳动教育有密切的关联。除专门的心理健康教育活动之外，在常规教育中渗透心理健康教育是学校心理健康教育的必要途径。

心理健康教育要同时考虑多个系统的不同影响因素。根据人类发展的生态系统理论，个体的发展根植于一系列嵌套的影响系统，包括微系统(如家庭、学校、社区)、中间系统(如家校协作)、外层系统(如教育机构)、宏系统(如文化)和时间系统，这些系统中的因素均会对个体发展产生重要影响，并且不同影响因素会以交互作用的方式影响个体发展。学校心理健康教育工作应该在系统发展观的基础上，以学校为主导，整合家庭、社区、社会、政府等多方力量和资源开展系统性实践。

3. 发展性原则

教育者必须以发展的眼光来看待学生，要顺应学生身心发展的特点和规律，以发展为重点，激发学生的发展潜能，促进全体学生的积极发展。

以促进学生发展为目的。学校心理健康教育的最终目标是促进学生的发展，要立足教育和发展，培养学生的积极心理品质，挖掘他们的心理潜能。

以发展的眼光看待学生。学生是处在发展中的个体，学生的发展具有巨大的潜在可能性。因此，教师应当以发展的眼光看待学生，善于捕捉和发现每个学生身上的发展潜能和优势领域，加以培植，促使他们的个性特长得到充分的展示与完善。

心理健康教育工作要有持续性。人格的培养与完善不是一时之功，心理健康教育也不是临时性工作。只有常规化开展心理健康教育，才能为学生的积极发展提供有力的保障。

4. 差异性原则

教育者要关注和重视学生的个体差异，根据不同学生的不同需要，开展形式多样、针对性强的预防和干预活动，提高学生的心理健康水平。心理健康教育的目的不是消除学生身上的独特性和差异性，而是使这种独特性和差异性在积极的方向上得到充分的发展。

了解并尊重学生的个体差异。不同学生的认知、情绪情感、行为表现、气质与个性等方面均有所不同，每个学生的生活环境也各不相同。因此在开展心理健康教育时，首先要承认并接纳学生个体差异的存在。

要对学生开展针对性辅导。要了解个别学生的年龄特点、学习状况、情绪情感状态以及行为表现，根据其心理发展特点和身心发展规律，有针对性地实施预防和干预，使学生的心理问题得以缓解，最终实现学生心理素质的提高。

三、全校整合的心理健康教育体系

(一)全校整合的含义

全校整合的心理健康教育体系是国际上公认的有效模式。这一模式有四个要点：全员、全过程、全方位、面向全体学生。简言之，全校整合的心理健康教育体系是符合“三全育人”要求的教育模式，是落实“三全育人”的切实体现。

全员，是指全校教职工参与。心理健康教育不是少数专业人员的职责，而是学校全体教职员工的职责。少数教师的参与，无法营造浓厚的心理健康教育氛围。心理健康教育是每一个教育者义不容辞的责任，应当而且必须成为所有教育者的义务。

全过程，是指贯穿学生学校生活的全部时间。心理健康教育课程仅能覆盖学生心理健康教育的课堂时间，但这些时间非常有限。学生更多的时间是在学科课程、课外活动中度过的。心理健康教育应该渗透到所有的课堂教学、课外活动及其他学校生活中。

全方位，是指学校心理健康教育应纳入影响个体发展的全部因素。以学校为主导，协同家庭、社区、社会机构、科研机构、医疗卫生机构等，形成心理健康教育合力；既关注人的因素（如教师、学生、人际关系），也关注环境因素（如校园氛围、工作制度）。

面向全体学生，是指以全体学生为服务对象。这是心理健康教育的基本立足点。没有心理疾病不等于心理健康，心理健康教育不仅仅是对有心理问题学生的辅导和干预。学校心理健康教育既要解决个别学生的特殊问题，更要面向全体学生进行心理健康知识和技能的普及与教育，促进全体学生积极发展。

根据世界卫生组织的建议，全校整合的心理健康教育体系至少要包括以下内容：

形成安全、关怀的校园氛围，满足学生的归属感；

建立良好和谐的师生关系，鼓励师生的学校参与、交往互动和亲社会行为；

全校参与，心理健康教育不是少数教师的职责；

积极邀请学生、家长以及更广泛的社会力量参与学校心理健康教育教学制度的制定和实施；

切实开展内容科学、连贯整合的心理健康教育课程，提升学生压力应对、抗挫折、沟通交流、冲突处理和问题解决的能力，培养学生的心理弹性；

在学校层面建立完善的学生心理问题（包括社会性、情绪、行为、学业等方面）早期发现与识别的系统和机制；

鼓励、支持学生参与课外活动；

尊重并接纳学生和教师的个性，培养重视多样性的校园文化；

为学生和教职工获取校园内外各类信息提供便捷途径；

为全校教职工职业发展提供持续指导，提升教师促进学生心理健康的专业能力。

结合国内外心理健康教育的实践经验，本手册提出了如图 1-2 所示的全校整合的心理健康教育体系。

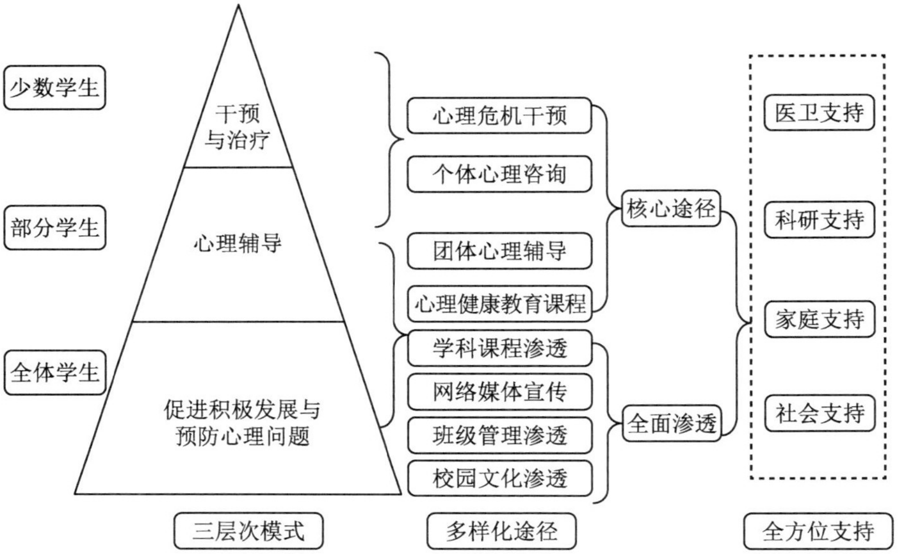

图 1-2　全校整合的心理健康教育体系

(二)促进、辅导和干预相结合的三层次心理健康教育体系

心理健康教育面向全体学生。根据学生的心理健康状况、发展目标等方面的不同，心理健康教育包括三个层次的内容。

1. 第一层次：促进积极发展与预防心理问题

目标人群：全体学生。

教育目标：帮助学生预防心理问题，促进学生积极发展。

工作重点：在全校范围内营造良好的心理健康教育氛围，宣传普及心理健康教育知识，提升学生心理调适技能，培养学生的心理弹性和积极品质，塑造健康人格。

主要工作途径：制定本校的心理健康教育教学制度，优化校园环境，有计划地开设系统的心理健康教育课程，利用多媒体开展心理健康教育普及宣传，在学科课程、课外活动、班级管理中全面渗透心理健康教育，加强学校与家庭、社会机构、科研力量、医疗卫生机构的协同建设等。

2. 第二层次：心理辅导

目标人群：部分存在心理困扰的学生。

教育目标：帮助学生摆脱心理困扰。

工作重点：帮助学生进行心理调适，培养学生应对压力和挫折的能力，预防严重心理问题的发生。

主要工作途径：有计划地开展主题性心理健康教育课程或主题班会，有针对性地开展团体辅导和个体心理咨询等。

3. 第三层次：心理危机干预与治疗

目标人群：少数面临心理危机的学生。

教育目标：帮助学生早日脱离心理危机状态。

工作重点：及时筛查、发现与识别心理危机学生，对心理危机学生进行心理咨询或转介，畅通心理治疗转介渠道和机制，获取家庭、精神卫生机构和社会力量的支持与配合，帮助学生进行预后恢复、复学与适应。

主要工作途径：定期开展心理筛查，设立个体心理咨询常规工作制度，形成规范的转介流程，与精神卫生机构建立畅通的合作关系等。

(三)多样化实施途径

1. 核心途径

(1)心理健康教育课程

心理健康教育课程是教师根据学生心理发展的规律和特点，有目的、有计划、有组织地通过主题性的活动项目和方式，使学生的心理品质得到实际锻炼，进而培养和提高学生心理素质的一种课程形式。它是实现心理健康教育目标的主要途径和手段，是学生心理健康教育体系的重要组成部分，在其中起核心、中介和桥梁作用。

服务对象：全体学生。

实施主体：心理健康教育教师(以下简称心理教师)。

教学内容：主要有①自我意识的教育与辅导，包括自我认识、自我接纳、自我完善等方面；②学业发展的教育与辅导，包括学习动机、学习策略、考试心理等方面；③生活适应的教育与辅导，包括情绪情感、人际交往、休闲生活、消费、青春期问题等方面；④生涯辅导，包括生涯规划和生涯决策等方面。

教学方法：采用多样化的教学方法，比如角色扮演、个案研究、团体游戏、脑力激荡等活动。

课程特点：与学科课程相比，心理健康教育课程以学生为主体，以活动为中心，让学生在活动中体验成长。因此，心理健康教育课程的课程目标主要是体验性的而非认知性的；课程内容以学生的直接经验为主，而非传授间接经验；课程实施以活动为主要载体，而非以讲授为主。此外，课程评价采取质性评价的方式，而非考试等定量评价形式。

主要功能：①教育功能，提升学生心理健康水平，充分发挥其优势和潜能，保持良好的心理状态；②发展功能，解决学生成长中的发展性问题，促使每个学生获得心理成长；③预防功能，预防心理问题产生，维护心理健康。

注意事项：①心理健康教育课程以活动为主要载体，不应一味地传授心理学知识与理论，要避免学科化倾向；②课程内容和主题要符合学生心理发展规律，课程开设要有系统性、连贯性和持续性。

(2)团体心理辅导

团体心理辅导是在团体的情境下，为团体成员提供心理帮助与辅导的一种心理辅导形式。

服务对象：具有相同或相似问题或在某方面有共同成长意愿的学生，不局限于同一班级的学生。团体的规模因辅导目标的不同而不等，少则三五人，多则十几人，甚至几十人。

实施主体：受过专业培训的心理教师，在团体辅导中一般称之为辅导员或咨询员。

辅导内容：团体辅导主要聚焦于团体成员的环境适应、人际交往、团队合作、信心提升、自我探索、心灵成长、情绪情感、家庭关系、沟通训练和思维拓展等方面的问题。

辅导方法：运用心理学原理，通过心理活动的形式对团体成员进行辅导。

特点：①团体心理辅导针对有相似心理困扰的学生，是一种经济而有效的方式；②成长中的学生有着共同的人生发展课题，而且他们更认同同龄群体的肯定和欣赏；③团体心理辅导重视团队成员的互动，其实践性强，形式多样，生动有趣，适用面广。

主要功能：①发展性团体心理辅导适用于开发人的心理潜能、优化人格、促进人的全面发展；②预防性团体心理辅导以训练为主，可以帮助学生学会有效处理人际关系，增强社会适应能力；③治疗性团体心理辅导可为有深层次困扰又希望改变的学生提供方法与动力，如为希望摆脱网络成瘾的学生提供自我管理策略训练等。

注意事项：①团体心理辅导对辅导者的要求高，辅导者须接受过专业训练；②对参与成员也有一定的要求，比如过于自我中心或依赖性很强的个体不适合接受团体心理辅导。

(3)个体心理咨询

个体心理咨询是指运用心理学的理论、方法和技术，给特定的来访者以启发、帮助和教育，促进其健康发展的帮辅形式。

服务对象：主要是有心理困扰或轻、中度心理问题的学生。来访者需具有一定的智力基础、基本的沟通能力和正确的求助动机，此外，求助内容符合个体心理咨询的范围。

实施主体：受过专业培训、有资质的心理咨询师。

咨询内容：①心理发展咨询，帮助学生更好地认识自己、扬长避短、发挥潜能，提高学习与生活质量等；②心理适应咨询，帮助学生排除心理困扰，减轻心理压力，提升适应能力等；③心理障碍咨询，帮助学生克服心理障碍，恢复心理健康。

咨询方法：行为矫正、认知改变、情绪调控、家庭系统治疗等。

特点：个体心理咨询适用于较深入地探访来访者个人化的心理问题，提供深层而持久的心理支持与帮助。

主要功能：帮助来访者排除心理困扰，克服心理障碍，恢复心理健康，更好地适应与发展。

注意事项：个体心理咨询是一项基于专门技术的专业化活动，不是一般意义上的谈心，因此个体心理咨询对咨询师的职业道德、专业技能、心理品质等有较高要求，必须由受过专业培训、有资质的心理咨询师进行。

(4)心理危机干预

心理危机干预是指运用心理学的理论与技术，对处于危机状态的个人或人群进行有目的、有计划、全方位的心理指导、心理辅导或心理咨询，调节其冲突性的行为，帮助其恢复心理平衡，减少或消除可能出现的对自身或他人的危害，使其心理功能达到正常水平，并获得新的适应技能的帮辅形式。

服务对象：主要是可能出现心理危机的学生、危机事件当事人、危机事件相关人群(如目睹危机事件的学生)等。

实施主体：学校心理危机干预团队。

干预流程及机制：详见第四章。

主要功能：应对心理危机，避免学生自我伤害或伤害他人，帮助学生恢复心理平衡，增强学生应对危机的能力。

注意事项：干预要及时，要有针对性，要尊重个人意愿，对于极端案例要及时转介给相关专业机构。

2. 全面渗透途径

(1)校园文化渗透

校园文化是学校教育的重要组成部分，是全面育人不可或缺的重要环节。在校园文化中渗透心理健康教育，能够对学生实现潜移默化、持久且积极的影响。

原理：①塑造学生健全人格，基于校园文化开展综合性的培育，发展学生的需要、动机、兴趣、态度、信念、价值观等，对学生健全人格的形成有促进作用；②陶冶学生情操，良好的校园文化有助于学生形成高尚的道德情感和审美情趣；③规范学生行为，校园文化有助于通过熏陶、暗示、从众等心理机制影响学生，促使学生遵守行为规范。

策略：①物理环境建设，要不断净化、绿化、美化校园，要充分利用校园，建设"心育文化长廊"等；②制度建设，制定并发布心理健康教育校本规章制度；③校风建设，营造良好的校风、班风、教风、学风；④人际氛围建设，构建和谐的师生关系、同学关系，重视人与人之间的尊重、包容与欣赏。

注意事项：①不仅要重视物理环境的建设，更要注重人文环境与氛围的建设；②鼓励学生积极参与到校园文化建设中，将学生作为校园文化建设的重要力量。

(2)学科课程渗透

学科教育是学校开展教育活动的最主要形式，也是学生学校生活的主要内容。在学科课程中渗透心理健康教育是学校心理健康教育的重要途径之一。

原理：①课堂是学校教学工作的主阵地，是占据师生最多时间和空间的场所，在教学中渗透心理健康教育，可以拓展心理健康教育的时间和空间，让心理健康教育融入日常教学中；②各学科的教学中蕴含着丰富的心理健康教育资源，比如关于学习兴趣、学习动机、学习方法、思维训练、意志品质的培养等；③在学科教学中渗透心理健康教育，可以塑造全员参与心理健康教育的意识和氛围，提升全体教师的专业素养。

策略：①把心理健康教育作为"次级目标"或"隐性目标"纳入学科教学目标中；②充分挖掘课程内容中的心理健康教育资源；③在教学过程中关注学生的需求，注重激发学生潜能，指导课堂中的同伴合作与竞争，塑造良好的课堂氛围；④在教学评价中，教师要注意给予学生积极的鼓励和暗示性评价，培养学生自我完善的自觉性。

注意事项：①内容要适度，目标设置上不宜喧宾夺主，内容设置上避免牵强附会；②要符合实际教学需要；③要适合各班学生的具体情况。

(3)班级管理渗透

班级管理是学校教育工作的重要内容之一，是维护学校正常教学秩序、保证学生健康成长的基础性工作。

原理：①班级是学生在学校的基本发展环境，班主任、同班同学是个体最亲密的互动对象，对个体有极强的感染力和影响力；②班级规范能够给学生提供明确的行为指导；③良好的班级氛围能促进学生之间、师生之间的尊重、信任和关怀，让学生形成良好的安全感和归属感。

策略：①鼓励学生根据自身的情感、需要、兴趣营造独特的班级文化氛围；②班主任可以根据学生的现实需要召开相应的心理健康主题班会，作为心理健康教育课程的有益补充。

注意事项：①以学生为主体，充分调动学生的主动性，促使他们积极参与心理健康教育，实现助人自助；②以教师为主导，班主任要发挥指导作用，给学生提供鼓励、支持和丰富的资源。

(4)网络媒体宣传

作为“数字一代”，当今中小学生的网络使用率越来越高，运用网络开展心理健康教育成为一种新途径。

原理：①网络中蕴含丰富的心理健康教育资源，学生通过网络可以随时获得心理健康知识，也可以远程获取专业的心理辅导；②互联网具有超越时空的特征，极大拓展了心理健康教育的时空，增强了教育的即时性、广域性和渗透性。

策略：①创建优质高效的心理健康教育网络媒体，包括网站、公众号、视频号等，汇集丰富的心理健康教育资源，开展心理健康知识和心理调适技能的普及宣传；②利用网络开展心理评估，建设心理健康电子档案；③利用网络社交平台开展线上心理咨询等。

注意事项：①慎重选择网络心理健康教育资源，确保资源的科学性和实用性；②注意培养学生的网络安全意识、网络伦理道德和网络使用技能；③网络心理健康教学、咨询等只能作为线下工作的有益补充，不能替代线下的心理健康教育工作。

(四)全方位协同支持

1. 家庭支持

家庭支持指父母(或监护人)为了促进子女的身心健康，在子女(或被监护人)接受学校心理健康教育过程中所提供的情感和信息方面的指导与帮助。家庭支持是学校心理健康教育发挥实效的重要支撑。

原理：①家庭是未成年人社会化的第一影响因素，父母教养、亲子关系是影响学生心理健康的重要环境因素，积极的家庭环境是个体心理健康的基本条件；②家庭密切配合，与学校保持一致的教育理念、目标和方法，才能保证学校心理健康教育发挥作用，学生的发展问题、心理问题与危机的处置需要家长的配合和支持。

策略：①以学校为主导，为家长提供家庭教育指导，帮助家长系统了解心理健康教育知识，掌握科学教育方法；②主动吸纳家长参与学校心理健康教育规章、制度、措施的制定和实施；③通过家校协同，更好地了解学生在学校内外的适应与发展状况，针对不同类型的学生，协同家长开展有针对性的指导。

注意事项：①家庭支持的首要任务是帮助家长掌握家庭教育的先进理念和技术，在此基础上家庭才能为学校心理健康教育提供有效支持；②学生发展受多系统因素的共同影响，在学校心理健康教育工作中，学校是主导力量，家庭是不可或缺的支持力量，要避免某一方的责任推卸。

2. 社会支持

学校要加强与基层群众性自治组织、企事业单位、社会团体、公共文化机构、街道社区以及青少年校外活动场所等的联系和合作，组织开展各种有益于学生身心健康的文体娱乐活动和心理素质拓展活动，拓展心理健康教育的途径。

原理：社会教育是学校教育的延伸。社会教育在内容上更具多样性、实用性和灵活性，蕴含着更为丰富、广泛、多样的心理健康教育资源，有利于青少年在接受家庭教育和学校教育的同时，开阔视野，及时了解和适应社会生活。

策略：①学校主导，面向社区开展心理健康教育宣传，营造良好的社区氛围；②以学校为中心，建立社区教育机构，如儿童活动中心等；③社区主导，整合优势教育资源，建设“社-校-家”资源共享平台；④建立社区学生心理健康辅导中心。

注意事项：①社区是社会支持的关键力量，从实践层面来看，社区具有整合多方面优质资源的独特优势；②营造重视心理健康教育的良好社区氛围，是社会支持的关键措施。

3. 科研支持

学校要积极引入心理学、教育学等相关学科的科研力量，强化心理健康教育的科学性和先进性。

原理：①学校心理健康教育需要专业技术的支持，包括课程内容的设置以及心理咨询、心理筛查与评估的技术支持等；②科研力量可为学校心理健康教育提供科学、系统和专业的知识保障。

策略：①引入科研力量参与学校心理健康教育的制度、体系与工作机制的建设；②借助科研力量，面向教职工、家长、学生等开展心理健康的知识普及、技能培训等；③借助科研机构，定期开展专业的学生心理筛查与测评，开展学校心理健康教育的科学评估；④依托科研机构，开展心理健康教育的校本课程研究。

注意事项：应建立科研力量参与学校心理健康教育的常态化机制，持续开展相关工作。

4. 医疗卫生支持

学校需要与医疗卫生机构建立联系，丰富心理健康教育专业资源，畅通心理危机的转介机制。

原理：有的心理危机或严重心理障碍仅靠学校的专业力量是无法完全解决的，医疗卫生机构（如精神卫生中心）的参与有利于学校建立畅通的危机转介机制，有效管理危机事件，确保学生得到及时科学的救治。

策略：①学校要与心理卫生机构建立密切合作关系，建立心理危机转介绿色通道；②开展心理卫生与保健的普及宣传工作。

注意事项：应建立医疗卫生力量参与学校心理健康教育的常态化机制，持续开展相关工作。

第二章　中小学生的心理发展特点及常见问题

一、小学生的心理发展特点及常见问题

（一）小学生的心理发展特点

1. 认知发展特点

小学是儿童思维发展的一个重大转折时期，按照心理学家皮亚杰的认知发展理论，从六七岁开始，儿童进入具体运算阶段，具体运算思维占主导地位；从十或十一岁开始，儿童进入形式运算阶段，抽象逻辑思维开始发展并逐渐成熟。表 2-1 呈现了小学生认知发展与学习的主要特点及可用的促进策略。

表 2-1　小学生认知发展与学习的主要特点及促进策略

年龄	认知发展与学习的主要特点	促进学生认知发展与学习的一些策略
6～9 岁	· 机械记忆和形象记忆占主导 · 记忆策略以复述为主，策略使用的主动性低 · 思维的抽象性和逻辑性有了初步发展 · 学习中，自我调节能力不足，尚不会主动反思	· 保护学生的好奇心，激发求知欲 · 多使用言语与非言语的鼓励策略 · 培养良好的学习习惯
10～12 岁	· 理解记忆和语词逻辑记忆日益增强 · 记忆策略逐渐稳定并丰富起来，逐渐学会组织（如归类、列提纲）和精细加工策略 · 思维的抽象性和逻辑性有了很大发展 · 学习策略多样化，开始尝试主动反思	· 加强认知策略与学习方法的传授 · 引导学生学会总结和反思 · 引导学生学会做学习计划

2. 社会性-情感发展特点

社会性与情感的发展是心理健康的重要领域。从进入小学开始，学生

的社会性与情感出现新的需求和特点，主要包括以下方面：

有同伴陪伴或与同伴一起玩耍，尊重同伴之间的空间和边界；

和同伴一起做游戏和运动，表现出对输赢的在乎；

建立准确的性别角色，外貌打扮与性别相适宜；

发展阅读、算术和写作技能；

掌握日常生活技能，包括吃饭、排队、独立上厕所等；

发展出是非感，能辨别真伪，苦恼时勇于寻求大人的帮助；

为跟进和完成任务发展出更多的自主性；

与同伴一起开展富有成效的活动。

表 2-2 列举了小学生社会性-情感发展的主要特点及可用的促进策略。

表 2-2　小学生社会性-情感发展的主要特点及促进策略

年龄	社会性-情感发展的主要特点	促进学生心理健康的一些策略
6～8 岁	· 独立性日益增强 · 表现出对一些事情的担忧或恐惧，如家庭冲突、个人失败、同伴拒绝等 · 开始建立友谊，以同性别的朋友为主 · 对他人表现出关怀 · 可能会跟随、服从别人欺负其他人，并对更小的孩子发号施令 · 开始理解他人的想法和观点，学习站在他人立场上思考问题 · 从外貌、活动、所有物等方面来认识自我 · 发脾气的情况减少，挫折承受力增强 · 学习如何解决同伴冲突 · 自我意识增强 · 打小报告以获得成人的关注 · 行为决策的增多促进了自我控制能力的增长 · 可能仍然怕黑或怕想象出的怪物	· 鼓励学生进行非竞争性游戏，帮助他们学会设定个人目标 · 给予学生足够的积极关注 · 让学生参与规则制定 · 和学生讨论如何进行自我控制以及怎样做决策 · 和学生讨论耐心、分享以及尊重他人的重要性

续表

年龄	社会性-情感发展的主要特点	促进学生心理健康的一些策略
9～12岁	·开始重视在比赛或学习中获胜、领先或者得第一 ·开始产生对家长以外的其他成人(如教师)的依恋 ·常把他们崇拜的偶像或英雄挂在嘴边 ·不仅受家庭的影响，也越来越多地受同伴的影响 ·情感脆弱，情绪波动变得常见 ·对负面评价很敏感，害怕遭受批评 ·不太会应对失败	·教会他们从他人的反馈中进行学习。比如问他们："你下次是否可以采用不同的方法呢?" ·要留心从学生的言语中理解他们的情绪感受 ·对学生的成功给予积极的反馈 ·给学生提供机会，让他们做一些能让自己感到骄傲的事情 ·指导学生在安静和剧烈活动之间保持平衡

(二)小学生的常见心理问题

小学阶段的学生已经开始出现一些适应困难，需要通过学校调查、家长报告或结合临床诊断来判断，见表2-3。教师是学生的榜样，教师可以通过教授学生一些技能来解决生活中常见或典型的问题。

需要注意的是，表中列出的一些行为虽然值得关注，但也可能是正常发展的一部分，关键的判断标准是不适应行为的发生频率、持续时间和程度。例如，6～12岁的孩子很难长时间将注意力集中于他们不感兴趣的任务。但是，如果孩子哪怕连很短时间的注意力集中都很难做到，那就需要考虑是不是出现发展性问题了。再如，6～8岁孩子的情绪控制能力仍不完善，敏感或不安情绪是儿童正常发展的一部分。教师和家长真正需要警惕的是小学生频繁、过度和持久的不良情绪反应或行为表现。

表2-3　小学生的常见心理问题

领域	小学生的常见问题 (无临床意义)	小学生的非典型困难行为 (需要结合临床诊断分析)
认知与学习	·随着学习内容增多、任务加重、外部压力增大，学习动机总强度减弱 ·学习注意力有时易分散	·学习障碍，如阅读障碍、计算障碍、书写障碍等 ·感觉统合失调 ·注意缺陷多动障碍(ADHD)

续表

领域	小学生的常见问题 （无临床意义）	小学生的非典型困难行为 （需要结合临床诊断分析）
社会性-情感	• 与兄弟姐妹或同伴争吵 • 对男性和女性的身体部位感到好奇 • 试探规则底线 • 注意力持续时间有限 • 担心不被同伴认可 • 说谎 • 不为自己的行为负责	• 过度的攻击性 • 严重伤害自己或他人 • 过分恐惧 • 不愿上学或者有学校恐惧症 • 频繁、过度或持久的情绪反应 • 无法集中注意力，哪怕是 5 分钟 • 模式化的违纪行为 • 破坏性行为

二、中学生的心理发展特点及常见问题

(一)青少年期的特殊性

1. 青少年期

中学阶段，对应个体发展的青少年期。本质上，青少年期是个体从儿童向成人过渡的时期。总体上，青少年要完成三方面的过渡以完全获得成人地位。

生理过渡：个体通过青春期发育达到性成熟，一般而言，从 10～12 岁开始，18～20 岁发育成熟。

认知过渡：从十一二岁开始，个体进入形式运算阶段，抽象逻辑思维、辩证思维等高级思维开始发展，直至高中阶段，这些高级思维形式逐渐成熟起来。

社会角色过渡：个体完全获得成人的社会角色。要获得成人的社会角色，不仅要达到法律规定的成人年龄(18 岁)，还要在政治、法律、人际关系、经济地位等方面真正达到社会认可的程度。在现代社会，大多数人一般要在大学阶段结束才能完成社会角色过渡。

青少年期的一个重要特点是生理过渡、认知过渡和社会角色过渡的不同步、不匹配，即青少年的生理成熟快而认知成熟与成人社会角色的获得慢。这种生理成熟带来的成人感与认知发展的不足、未成年身份形成强烈的冲突。一方面，成人感促使青少年有更多的自主需求，希望摆脱成人的约束和限制；另一方面，青少年的认知不成熟和未成年身份，意味着成人

和社会对青少年仍有严格的要求和管理。大多数情况下，青少年的自主和成人的约束与控制之间的界限并不明确，这使得青少年会不停地试探成人的底线，以获得更多的自主；不停地尝试各种行为或角色，以发展自我同一性，获得成人角色。简言之，青少年期是学生不断自主与独立的“尝试期”或“试验期”。

2. 青少年期的特殊心理需求

青少年期的生理、认知和社会角色过渡使他们产生了特殊的心理需求。

自主：青少年希望摆脱对父母的依赖，发展自己的个性。在情感上，青少年不再依赖父母；在行为上，青少年希望自立，能够自己做决策；在认知上，青少年要建立自己的价值观体系。

自我同一性：自我同一性是指个体关于我是谁的认识。生理、认知和社会角色的快速发展，使得青少年开始关注自我，考虑过去的我、现在的我以及未来的我，要实现自我在横向(学业、社交、外貌等领域)以及纵向(时间)上的整合与同一。

亲密感：亲密关系是个体健康发展的一个重要成分。除了与父母的亲密关系之外，青少年要建立多种亲密人际关系，如友谊等。

性：随着青春期发育和性意识的萌芽，青少年需要开始了解性生理和性心理方面的科学知识。

成就：青少年渴望获得成就。这既是青少年认知与社会角色发展带来的需要，也是为未来成人角色做准备的必然要求。

(二)中学生的心理发展特点

1. 认知发展特点

青少年不仅比儿童懂得更多，思考问题的方式也更复杂、更有效，具体表现出五大认知发展特点，见表 2-4。

表 2-4　中学生的认知发展特点及相应能力

认知方式	认知发展特点	认知发展带来的能力表现
可能性思维	能更好地思考事物的可能性，而不是把思维局限于具体事物上	·演绎推理、假设性思维 ·能够思考未来 ·更善于辩论

续表

认知方式	认知发展特点	认知发展带来的能力表现
抽象思维	能更好地思考抽象概念	·对友谊、信仰、民主、公平等抽象概念有了更深刻的认识 ·社会认知能力增强，理解人格特质、人际关系等
元思维	更常思考思维本身的过程	·自我监控和调节能力增强 ·学会反思 ·过度关注自己的内在体验，沉溺于自我分析
多维度思维	思考结果更多维，而不是单一角度	·一题多解 ·多角度看待问题
相对主义思维	更有可能认为事情都是相对的，而不是绝对的	·怀疑一切 ·质疑权威，与成人的冲突增多

从初中到高中，随着生理成熟和学习经验的增加，学生在可能性思维、抽象思维、元思维、多维度思维等方面的水平不断提高，思维能力逐渐提升。相较于高中生，初中生的相对主义观念更强。初中生更坚信事物都是相对的，“绝对没有绝对的事情”，这往往是初中生的一个信念。随着年龄的增长和辩证思维的快速发展，高中生对相对性的理解更具灵活性。

2. 社会性-情感发展的特点

生理发展、认知发展、社会角色的转变也伴随着在社会性与情感发展方面的新需求，具体包括：

与同伴建立更成熟的关系；

获得男性或女性的社会角色；

认可自己的身体优势，有效地利用这种优势；

摆脱对父母和其他成年人的依赖，实现情感独立；

开始为谋生和选择职业做准备；

形成一套价值观、道德体系或意识形态，指导自己的行为；

需要对自己的行为负责任。

表2-5呈现了中学生社会性-情感发展的主要特点以及可用的促进策略。

表 2-5　中学生社会性-情感发展的主要特点与促进策略

年龄	社会性-情感发展的主要特点	促进学生心理健康的一些策略
13～18 岁	· 极强的自我意识 · 过分强调自我感受和体验的独特性 · 强调自己的不可战胜性(如"这种事情不可能发生在自己身上") · 展示自己的正义性 · 开始探索自我，发展自我同一性 · 强烈的自主需求 · 对较高质量的同伴关系的需求 · 身体发育带来的其他心理变化	· 帮助学生营造尊重、信任、诚实的交往氛围 · 尊重学生的隐私 · 重视学生的观点和感受 · 以恰当的方式和学生讨论，避免不必要的争执 · 对学生保持合理的期望 · 对学生的不良行为要保持警惕和关注 · 注意学生行为的变化 · 设立明确的行为界限

与高中生相比，初中生的"自我中心"特点更为明显。所谓自我中心，是指个体更为关注自我的体验和感受，有极强的自我意识，容易沉溺于自己的内心世界；他们倾向于认为自己的感受和体验是最独特的，即"个人神话"心理，认为周围人都在聚焦关注他们，即"假想观众"心理。这种自我中心在一定程度上推动学生开始认识自我，探索自我同一性，思考和规划未来。

亲子冲突是中学生亲子交往中的常见现象。大多数这一时期的亲子冲突本质上是中学生强烈的自主需求与父母的严格控制之间的冲突。一般来说，初中阶段，随着年级的升高，亲子冲突的频次和强度越来越高。至高中阶段，随着亲子关系的再平衡，亲子冲突逐渐减少。

(三)中学生的常见心理问题

虽然有些行为对青少年和成人来说会造成一定的困扰，比如青少年的情绪波动较大、以违规行为试探底线、同伴冲突等，但是这些行为大多是正常发展的一部分。与此不同的是，另外一些更为长期的、严重的不良行为则是非典型的困难行为，见表 2-6。教师在识别青少年的心理问题方面有其优势，要注意及时发现学生心理问题的警示信号。教师一旦发现问题，要及时联系学生父母，甚至向专业人员求助。

表 2-6 中学生的常见心理问题

中学生的常见问题 （无临床意义）	中学生的非典型困难行为 （需要结合临床诊断分析）
· 情绪低落、抑郁心境 · 情绪不稳定，易激惹 · 通过一些违规行为来试探规则底线 · 亲子冲突 · 沉迷上网或打游戏，尝试烟酒	· 抑郁症、焦虑症等情绪问题 · 自伤或自杀倾向 · 青春期精神分裂症 · 反社会行为和青少年犯罪等 · 离家出走等外化问题 · 成瘾，包括网络成瘾、游戏成瘾、吸烟成瘾等

第三章　中小学生常见心理问题的筛查与识别

一、中小学生心理问题分级

心理问题也被称为心理冲突或心理失衡。中小学生的心理问题按严重程度可以分为一般心理问题、严重心理危机、重大心理危机三类。

(一)一般心理问题

一般心理问题是指最近产生、内容尚未泛化、情绪反应强度较为轻微的异常心理或正常心理活动中的局部异常状态。该类问题常常能找到对应的原因，学生的思维仍然符合逻辑，人格也未出现异常。例如，在考试中由于过度紧张而遗忘了熟记的内容、漏掉了作答题目等。

中小学生的一般心理问题具有如下特点。

偶发性和暂时性。一般心理问题常与特定的情景相联系，即常由特定的情景诱发。在脱离诱发情景的条件下，心理活动则通常完全正常。

强度低。个体在遭遇事件后的情绪、认知、行为反应都在常态范围内。

思维合乎逻辑。个体在处理事件时的思维逻辑清晰，符合其年龄发展特点。

人格无异常。对生活事件的反应与其性格特点基本一致，无过度异常反应等。

一般心理问题如果脱离诱发情景依然长期存在，且具有明显的常发性和持续性，则有可能演变为严重心理危机甚至重大心理危机。

对于有一般心理问题的学生，学校要及时备案，并给予学生一定的心理支持与辅导，与学生保持沟通。

(二)严重心理危机

严重心理危机是指学生在面临重大事件时，由于之前的认知和行为方式难以应对当前困境，出现了自身无法控制、无法调节的心理或行为严重失衡状态，并由此产生了内心的混乱或不安。每个学生都有可能出现但并不频繁出现此类心理状态。例如，一名小学生被班内多名同学欺凌，且不敢告诉老师和家长，逐渐减少与班内同学的交往，学习成绩下降，晚上开始出现惊醒，并害怕去上学。

中小学生的严重心理危机具有如下特点。

持久性。个体由压力事件引发的高强度反应不能在离开压力情景后自动消失，且通常持续很长时间。

生理变化。心理问题引发生理上的反应，如出现失眠和饮食(厌食和贪食)问题。

社交回避。社会功能受到一定损害，如回避正常生活与学习或回避正常社交活动。

思维变化。思维虽然合乎逻辑，但会出现过于纠结某一问题等现象。

人格特质出现变化。人格虽无明显异常，但会表现出某一突出的人格特质，如过于敏感、强迫或易焦虑等。

严重心理危机具有明显的持久性和特异性，与特定情景无必然的联系，并非由特定情景直接诱发，但在特定情景下可能会加重。通常是一般心理问题累积、迁延、演变或持续生理损害(如脑功能受损)后的结果。

(三)重大心理危机

重大心理危机是指学生出现严重心理失衡状态并已被确诊为精神疾病，同时正在经历自身无法解决的某一事件或处境，其可能采取给自己或他人身心造成严重伤害的极端行为，如“自残/自杀”或“伤人/杀人”。重大心理危机是心理状态病理性变化的突出表现，具有明显的病态性和稳固性。例如，学生因长期接受家庭高压专断管教或陷入不断恶化的同伴关系而患上抑郁症，极易出现自伤行为或自杀尝试。

重大心理危机主要有如下特点。

人格发生重大改变。例如，和本人以前相比，原来开朗的性格变得孤僻。

思维异常。自我认知不清晰，思考问题僵化不灵活，缺乏思维的连贯性和逻辑性，看问题偏执极端等。

行为异常。出现强迫、恐惧行为，生活作息不规律等。

言语功能异常。如语调怪异，无法与他人正常交流等。

社会功能受损。严重者无法进行正常的学习和生活。

有严重心理危机和重大心理危机的学生应纳入学生心理问题预警与帮辅名单，予以重点关注与跟踪。

二、常用筛查工具

心理量表是心理筛查的常用辅助工具，在心理筛查过程中能帮助学生了解自己的情绪、行为模式和人格特点，也能帮助教师、家长和学生本人了解存在的问题，进而帮助其改善、维护和提高心理健康水平。以下是中小学生心理问题筛查过程中几种常用的量表。

(一)情绪问题评定量表

1. PHQ-9 抑郁症筛查量表(Patient Health Questionnaire-9，PHQ-9)

PHQ-9 量表是基于美国精神医学学会制定的《精神障碍诊断与统计手册》(第四版，DSM-Ⅳ)中对抑郁障碍的诊断标准研发的一个量表，用于评估个体的抑郁程度。该量表共 9 个题目，采用四点计分(0～3)。由个体根据自己过去一周内的情况来做出评定。

2. 流调中心抑郁水平评定量表儿童版(the Center for Epidemiological Studies Depression Scale for Children，CES-DC)

CES-DC 量表用于评定儿童的抑郁水平。该量表包含抑郁情绪、积极情绪、躯体症状与活动迟滞、人际关系四个维度，共 20 个题目，测查儿童在过去一周中的情绪情况。采用四点计分(0～3)，分数越高，表明抑郁风险越大。

3. 焦虑自评量表(Self-Rating Anxiety Scale，SAS)

SAS 量表由美国精神病学家宗氏(William. W. K. Zung)于 1971 年编制，用于评定个体焦虑症状的轻重程度。采用四点计分(1～4)，共 20 个题目。每个题目均从不同角度反映个体焦虑主观感受的程度，评定的时间范围是自评者过去一周的实际感觉。

4. 儿童青少年多维焦虑量表(Multidimensional Anxiety Scale for Children，MASC)

MASC 量表用于测查儿童青少年的焦虑状况。该量表包括躯体症状、伤害逃避、社会焦虑和分离性焦虑/惊恐四个维度，共计 39 个题目，主要评估儿童青少年在过去一周内的焦虑状况。采用四点计分(0～3)，得分越高，表明焦虑症状水平越高。

(二)学习适应性测验

学习适应性测验(Academic Adjustment Inventory，AAT)由周步成基

于国外相关测验，结合中国现状修订而成。该测验共150题(不同年级的题目数量有所差异)，采用三点计分(1～3)，包括学习态度(包括学习热情、学习计划、听课方法)、学习技术(包括读书笔记、学习技巧、应试方法)、学习环境(包括家庭环境、朋友环境、学校环境)和身心健康(包括独立性、毅力、人际关系)4个分量表。由学生根据自己的近况做出评定。

(三)人格测验

艾森克人格问卷(Eysenck Personality Questionnaire，EPQ)是以心理学家艾森克提出的三维度人格类型说为基础编制的问卷。EPQ有成人版和儿童版两个版本，分别适用于16岁以上和7～15岁的人群。该问卷共85个题目，采用是否式作答，包括4个分量表：内外向量表(E)、神经质量表(N)、精神质量表(P)和效度量表(L)。前3个量表测查了人格结构的3个维度，它们是彼此独立的。

(四)心理健康综合评定量表

1. 90项症状自评量表(Symptom Checklist 90，SCL-90)

SCL-90量表由德若伽提斯(L. R. Derogatis)于1973年编制，被广泛用来筛查个体的精神障碍和心理疾病。作答者根据当前一段时间内(一周内)自己的实际情况做出评定。该量表共90个题目，采用五点计分(0～4)，涵盖9个主要的症状维度：躯体化、强迫症状、人际关系敏感、抑郁、焦虑、敌对、恐怖症、偏执、精神病性。

2. 心理健康诊断测验(Mental Health Test，MHT)

MHT测验由周步成根据国外的不安倾向诊断测验修订而来，用以评估儿童和青少年的心理健康问题。该测验包含100个题目，采用是否式作答，要求被试根据自己的真实情况进行选择。MHT包括1个效度量表和8个内容量表，8个内容量表测查的分别是学习焦虑、对人焦虑、孤独倾向、自责倾向、过敏倾向、身体症状、恐怖倾向和冲动倾向。

3. 青少年自我报告表(Youth Self Report，YSR)

YSR量表由阿肯巴克(T. M. Achenbach)等人开发，是儿童行为核查量表(CBCL)的青少年自我报告版。该量表的测查内容包括内化问题、外化问题、社交问题、思维问题、注意问题等，共112个题目，主要评估青少年在过去半年中的情况。采用三点计分(0～2)，得分越高，表明症状水平越高。

（五）特别说明

开展心理筛查与评估是一项高度专业的工作，须由专业人员负责，并遵从一定的伦理规范（详见第五章），不得滥用、误用。在心理筛查与评估中，以下事项需要特别注意：

施测时，不宜直接使用原量表的名称（如抑郁量表），教师可使用非专业性量表名称替换该量表名称，如学生基本情况调查表；

量表的施测需由专业人员执行，测查结果的解释也须由专业人员负责，量表的测查结果仅可作为评估参考，最终的诊断须由专业的、有资质的咨询师或者医生结合个体所处的环境因素及其他表现，综合考虑并做出判断；

以上量表既可采用纸笔形式测验，也可采用网络施测；既可团体施测，也可以一对一单独施测；

应严格遵循测验的伦理规范。

三、心理问题的识别途径

在学校情境中，学生心理问题的识别途径主要包括四种：心理筛查、家长报告、教师报告和生物医学辅助检查。其主要工作思路是在心理筛查的基础上，综合来自家长、教师、生物医学辅助检查等方面的信息，建立起一套对学生心理问题进行综合性评估和全方位筛选的识别体系。针对不同学段学生的发展特点，可灵活采用不同的心理问题识别途径。小学一到三年级学生的心理问题识别的途径以家长和教师报告为主；小学四到六年级学生和中学生的心理问题识别可在选择适当心理量表进行筛查的基础上，进一步综合家长、教师报告的信息，以多种途径相结合的方式灵活展开。对于有严重心理问题或特殊需要的学生，需要结合生物医学辅助检查以形成科学评估。

（一）心理筛查

心理筛查是指针对不同年龄段的学生，采用标准化的心理量表对其心理问题进行甄别。通过筛查，发现具有心理问题或存在心理健康风险的学生，以便对其提供有效的心理支持，并为后续的心理健康教育工作提供参考依据。下面对心理筛查时机、筛查对象、筛查人员、筛查工具、筛查注意事项加以说明。

1. 心理筛查时机

中小学应在每年秋季开学(9—10 月)完成学生心理筛查工作并建立学生心理档案。

在条件允许的情况下，各校可选择在学生心理问题的易发频发时段对全校学生实施心理筛查，并对学生的心理问题建立追踪档案，如重大考试前后、毕业或升学前夕、影响心理健康的重大事件发生时段等。

结合“5·25 学生心理健康日”“10·10 世界精神卫生日”“家庭教育宣传月”“心理健康教育活动月”等时间节点进行心理筛查工作。

结合定期的团辅活动、心理实践活动和个体心理咨询进行心理筛查工作。

2. 筛查对象

全体在校学生。

3. 筛查形式

根据量表测查要求施测，通常以班级为单位进行团体施测。

4. 筛查人员

心理筛查工作应由具有心理学专业背景或受过训练的专业人员负责实施，如学校心理教师、受过专门训练的班主任或其他学科教师。

5. 筛查工具

以心理健康测评工具为主开展测查，也可增加学习适应性测验、人格测验以了解学生的其他情况。

6. 注意事项

宣读指导语。需要在学生作答之前向其说明作答要求与注意事项，并强调筛查的保密性和自愿性。作答过程需要尽量避免干扰因素(如有时需要班主任回避)，保证学生作答的独立性。对于针对低年级学生的测查工作，需要给参与测验的教师和家长进行专门的宣讲与指导，确保其报告的学生情况准确、客观。

解释问卷内容。如果有的学生不能理解或看不懂问卷的内容，可由测试人员为其进行解释，确保学生独自做出评定。

制定应对方案。在整个心理筛查过程中，测查人员应做好突发情况的应对方案，如有学生在答题过程中出现心理不适等问题，应立即停止本次作答，对其进行观察并重点关注，同时上报学校心理健康教育中心，并及时对学生出现的问题进行干预和疏导。

检查作答情况。心理筛查结束时，测查人员应仔细检查学生作答情况，再次提醒学生不要错答漏答。

消除不良影响。心理筛查结束后，不要让学生立即离开，测试人员可以播放一段轻松的音乐以消除作答对学生可能产生的不良影响，在确认学生无不良心理和行为反应后，方可使其有序离场。

信息保密。测试人员要对学生的答题信息进行严格保密。

为全面了解新生相关信息，各校心理教师应注意指导新生在测评时填写学生心理档案(见附录1)，统一上交给学校心理健康教育中心进行存档。

在完成心理筛查后，各校心理教师应适时召开心理筛查反馈专题研讨会，或以书信告知等形式，将心理筛查结果及时反馈给班主任和学校心理健康教育中心(见附录2)。

(二)家长报告

家长报告是识别中小学生心理问题的重要途径之一。在入学之初，由班主任组织家长填写学生档案，包括孩子的年龄、家庭成员、生活背景、家族成员的精神病史、入学状况、主要发展历程(如上幼儿园、小学就学时段、搬家等)、特殊经历(如影响孩子的特殊事件)、曾经的就医史或意外事件、孩子与家庭成员之间的关系等。另外，定期组织家长通过电子邮箱、手机短信等方式报告孩子的异常心理与行为，建立学生心理家校沟通档案。

对于有特殊情况(如父母离异、家庭成员有精神病史等)的学生，应重点关注；对于家长反馈有异常心理和行为的儿童和青少年，应对其进行进一步观察和重点关注。必要时进行心理测评和辅导，同时上报学校心理健康教育中心等相关部门。

(三)教师报告

教师报告的信息来源主要有班主任、学科教师、心理教师、校医务工作人员等。

班主任在学生心理问题识别过程中具有不可替代的重要作用，是识别学生心理问题的主要信息来源。班主任须根据学生在校期间的具体表现、与教师之间的关系以及与同学之间的互动进行综合评价，同时参考心理测评情况，把需要重点关注的学生的相关信息填入学生心理问题登记表(见附录3)，并及时提交至学校心理健康教育中心。同时，班主任也要对班级学生的心理状态进行统计，并每月以班级学生心理状态月报表(见附录4)的形式上报至学校心理健康教育中心。

学校心理教师要充分利用心理课堂和课后的单独心理辅导，及时发现学生的异常心理状况，开展有针对性的沟通与干预，并保留好相关辅导记录。

此外，学科教师应当掌握心理问题的识别方法。在日常教学过程中如发现心理异常的学生，应及时报告给班主任和学校心理健康教育中心，同时在教学过程中对学习困难学生的心理状况进行重点关注。

校医务工作者也应纳入学校心理健康教育体系中，发挥助力作用。对学校医护工作中接触到的学生心理危机进行识别与判断，将相关学生情况及时通报给班主任及学校心理健康教育中心，同时对患有急、慢性疾病的学生进行重点关注。

在学校场所工作的保安、保洁以及后勤人员也应该了解学生心理健康教育的相关知识，对于发现的异常情况，他们也有责任及时进行报告或应对。

（四）生物医学辅助检查

生物医学辅助检查是心理病理问题评估领域的新兴手段，也是心理测查与临床诊断的有力补充。当初步评估出学生存在心理健康问题后，需要进一步确定学生是否达到心理疾病的程度，以及确定具体的心理疾病类型。须由监护人陪同学生至医院心理门诊或精神专科医院门诊，接受专业人士的评估与诊断。与此同时，学校心理健康教育中心需要及时关注家长的认知，帮助家长了解心理疾病，摆脱病耻感，协助家长陪同学生积极就医。

目前心理疾病的诊断主要依靠医生的临床经验，而非疾病的病理生物学指标，具有一定的主观性。随着脑科学、遗传学以及人工智能技术的不断革新，心理疾病的遗传基础、脑功能基础以及生理基础日益清晰。通过测查基因谱系、脑结构与功能特征、相关生理学指标（如皮质醇、应激心率变化）等，能够更加科学、简便地获知心理疾病的类型与程度。同时，相应的科学评估也更有利于制定针对性的矫治与干预方案。

四、心理问题识别中的注意事项

（一）把握心理问题的多发期

学生心理问题通常发生在新生入学、考试、毕业升学、遭遇重大家庭变故以及重要公共事件时。学校应当在这些时期到来前后，做好学生心理健康教育、心理筛查和辅导等工作，防患于未然。

（二）关注心理问题的多发群体

学校应特别关注那些心理危机早期预警名单中的学生，尤其要关注同时存在以下多种特征的学生。出现下列一种及以上特征的学生应纳入心理危机预警名单，上报至学校心理健康教育中心，必要时要对其进行疏导和干预：

突然遭遇重大负性事件而出现心理行为问题的学生，如亲人离世、受到自然或社会意外刺激的学生；

有明显的精神障碍和严重心理疾病的学生，如患有抑郁症、焦虑症、精神分裂症等疾病的学生；

存在诸如学业失败、躯体疾病、人际冲突等明显的适应性或发展性问题的学生；

因学习压力过大、学习困难而出现心理或行为异常的学生；

因感情受挫、人际关系失调而出现心理或行为异常的学生；

因严重环境适应不良而出现心理或行为异常的学生；

家境经济负担重、深感自卑的学生；

表露自己处于痛苦、抑郁无望以及无价值的状态，并且遇到了家庭问题或其他困难的学生；

在作文或其他发挥想象力的作业中透露出的主题总离不开无望、社交隔阂、愤怒、绝望、自杀或者死亡的学生；

缺乏社会支持的学生。

（三）关注心理问题的预警信号

当心理问题发生的时候，学生会普遍表现出生理、心理和行为上的变化，这些变化可以成为专业人员或教师识别学生心理问题的重要线索。教师和管理者获悉这样的信号后，必须密切注意学生的行为和情绪变化。识别这些预警信号对防止心理问题升级有着非常重要的作用。

1. 严重心理问题的预警信号

当中小学生出现严重的心理问题时，可能具有以下表现。

生理表现：心跳加快、血压升高、出汗或寒战、嗜睡或频繁做噩梦、怕黑、退行（倒退到更幼稚的状态）、心痛、全身疼痛、睡眠障碍、无食欲、消化不良等。

情绪表现：震惊、悲伤、内疚、焦虑、惊恐、不断增加的无助感和无力感、挫败感、抑郁等不良情绪。

认知表现：身心混乱，记忆力减退，看问题极端，难以区分事物的差别，难以做出决策，解决问题的能力变低。

行为表现：拒绝他人，愿意独处，不愿意和别人分享，社交退缩，对生活丧失兴趣；不能正常学习和生活。

当学生出现以上预警信号时，教师应留意学生在学校中的行为，同时提醒家长注意学生的行为变化，观察有无明显外在因素导致了这样的行为变化。

2. 自杀的预警信号

自杀的预警信号包括以下几个方面：

无缘无故地谈论自杀；

寻找可能用于自杀的药物、工具或其他物品；

对死亡或暴力表现出不寻常的关注，写关于死亡的诗或文章；

对未来没有希望；

自我厌恶；

立个人遗嘱，赠送珍贵的个人物品，安排家庭成员；

意外地拜访或打电话给家人和朋友，跟别人说再见，就好像自己不会再出现一样；

远离他人，渴望独处；

自我毁灭行为，如酗酒、吸毒等；

突然的平静感。

（四）客观使用心理测评结果

心理测评结果是对学生近期心理健康状况的基本反映，能够在一定程度上反映其心理问题的情况。然而，我们也要清醒地看到，由于部分学生答题时可能存在情绪不稳定、对题目拿不准、受到环境干扰等情况，以及单次心理测评可能存在结果上的不稳定性，这些因素都有可能导致测评结果的准确性和可靠性降低。因此，心理测评结果不是学生心理问题唯一、绝对的判断标准。教师应客观对待学生的测评结果，必要时需要针对测评结果寻求专家的建议，同时采用动态追踪评估、访谈、观察等多种方法，对学生心理状况进行全面评估。心理测评结束后，应对以下三类学生予以重点关注：心理测评结果异常，且在对该生的观察与访谈中发现异常的；心理测评结果异常，且教师、家长报告该生日常行为异常的；心理测评结果正常，但教师、家长报告该生日常行为异常的。

第四章　心理危机干预

一、学生心理危机预警及干预流程

各中小学校有必要成立危机干预小组，完善相关机制，对筛查中出现的重点个案分级预警，严格掌控干预流程，为学生的身心健康保驾护航。

(一)成立学校心理危机干预小组

学校应成立心理危机干预小组，该小组的主要职责是全面规划和落实学生心理危机预警与干预工作。在心理问题筛查与预警过程中，心理危机干预小组应对发现具有三类心理危机(一般心理问题、严重心理危机、重大心理危机)的学生进行及时预警和干预。心理危机干预小组一般由学校主管学生工作的校领导牵头，主要成员包括学校分管领导、相关职能部门负责人(如学校心理健康教育中心负责人、学校后勤部门负责人)、有关专家、家委会负责人、心理教师、班主任等。

(二)学生心理危机预警处理

学生的心理危机预警处理主要由学校心理危机干预小组统领，具体工作主要由小组成员(如班主任和心理教师)及相关教职人员负责执行。学校心理教师、班主任、有关专家等成员首先需综合心理筛查和识别的结果，对学生心理危机程度进行评估分类。

为确保学生能够获得及时而有效的帮助，须针对不同类别的心理危机进行不同的预警处理，从一般心理问题至重大心理危机的预警级别逐层升高。一般心理问题的学生不需要上报，但班主任以及与学生有交流的教职人员(如学科教师、宿管等)需要掌握这些学生的基本情况。对于发现的严重心理危机学生和重大心理危机学生，要及时预警和上报。其中，对于严重心理危机学生的情况，班主任、教职人员要全面掌握，学校危机干预小组成员(如班主任)要与学生家长或监护人保持密切沟通。同时，还应将严重心理危机学生的信息备案至学校心理健康教育中心。对重大心理危机学生的预警工作除包含上述的内容外，还应上报至市级或省级心理健康教育重躯体化症状或损伤？⑤还要评估学生自杀或伤害他人的风险。必要时，还应建议学生到医院精神科做进一步检查与治疗。

进行心理评估。应用访谈、心理测验、认知行为评估等技术对个体心理进行全面、系统和深入的客观描述。

确定干预目标。基于学生的行为、情绪、认知的水平，师生合作，一起制定明确可行的目标。

制订干预计划。由心理教师连同班主任、家长制订干预计划，上报至学校心理健康教育中心备案。心理教师、班主任、家长分别根据干预方案执行自己职责范围内的工作。

(6)心理教师的干预工作

心理教师要及时进行访谈评估，确定学生心理危机状况。当学生发生严重或重大心理危机时，在遵循心理咨询伦理的前提下，与家长、班主任就有关信息互通与反馈，并做好危机干预记录，必要时进行转介。心理教师根据需求对班主任、家长进行危机干预的专业指导。

(7)班主任的干预工作

班主任要通过日常观察及时发现学生的变化，并注意在班级中营造良好的心理求助氛围。要了解学生当下的困难和苦恼，在自己的能力范围内辅导和帮助学生。必要时建议学生接受心理咨询援助。积极与心理教师和家长沟通合作(详见本章的“三、与家长沟通”)。

注意：班主任在建议学生去做心理咨询时，说话方式要体现出关心、真诚与尊重，让学生感受到信任与支持，强势或者贴标签式的表达方式都可能出现反作用。

(8)家长的干预工作

家长要注意觉察自己与孩子的关系是否存在敌对或冲突等问题，在发现问题时尝试改善与孩子的关系。如果孩子存在具体的现实压力或困扰，给予孩子积极的帮助和心理支持。为帮助孩子得到更多的支持，家长可以及时将学生的心理动态反馈给学校的班主任和心理教师。

关于转介，对于危机程度较高的学生，班主任或危机干预小组首先要联系学生家长或监护人，及时沟通学生情况，由学生家长或监护人护送学生前往诊疗场所。必要时，应帮助当事学生与有关心理危机干预机构取得联系，并按照程序上报学校或上级机构。

对于已转介的学生，班主任、心理教师及教导主任要及时跟进学生的治疗情况；对于被诊断为患有严重心理疾病的学生，依据医疗机构开具的诊断证明，经与其监护人协商后做出后续处理；对于无严重心理疾病无须休学治疗的学生，学校除了做好相应的关注与支持工作外，还应建议学生签署不自我伤害契约书(见附录5)，父母双方须签署安全责任承诺书(见附录6)。

(9)危机干预后的回访工作

危机干预小组应及时组织对重点干预对象的随访和再评估，持续观察与评估当事学生的行为和心理状态，同时了解转介后的治疗与恢复情况。

(10)资料整理与反思

干预结束后，危机干预小组应及时完成学生心理危机干预报告，就此次危机事件的处理与干预进行反思与总结，加强对学校心理危机干预工作的落实，完善对此类事件的控制，确保学生心理健康。

(四)具体心理危机事件的干预流程

1. 抑郁的干预流程

抑郁以显著而持久的情绪低落为核心特征，具有悲哀、烦躁、身心不协调等症状。抑郁个体往往表现出对多数活动失去兴趣、精力下降、睡眠障碍、食欲不振、思考困难、考虑或试图自杀等。根据《青少年心理学手册(第三版)》，依据表现特征、诊断标准和严重程度的不同，抑郁可分为抑郁情绪(Depressed Mood)、抑郁综合征(Depressive Syndromes)和抑郁障碍(Major Depressive Disorder)。抑郁情绪的主要特征是悲伤、苦恼或烦躁等消极感受；抑郁综合征除表现出消极情绪外，还伴随着社交退缩、注意力涣散等行为特征；抑郁障碍除上述特征外，往往还伴有明显的躯体症状，如失眠、厌食等，是精神障碍的主要类型。抑郁不仅会损害个体的心理社会功能和身体健康，还会增加社会经济负担。具体干预流程如下。

评估等级。在确保学生人身安全、安抚学生情绪的同时，对其情绪障碍进行专业的等级评估。根据学生量表得分情况及临床表现，判断抑郁的等级。

制定方案。根据学生的具体情况制定相应的方案，对于抑郁程度较轻的学生，由心理教师、班主任及家长或监护人共同制定日常观察和干预方案，心理教师和学生建立咨询关系；若学生的抑郁程度较为严重，应及时上报给学校备案，联系家长或监护人签署知情同意书并根据情况办理请假或休学手续，同时督促家长或监护人带领学生及时到精神卫生机构或心理咨询机构就诊。

实施干预。相关教师对无须转介的学生、接受医院治疗并正常来校学习的学生进行日常观察，心理教师及时和班主任沟通；相关教师及时记录并且每天汇报班级情况，敏锐察觉学生的情绪变化，并定期开展个别辅导和团体辅导活动，帮助学生缓解情绪问题。

定期跟进。对于居家学习的学生应及时跟进，了解学生情况，及时进行总结并汇报给学校；对于在校学生要进行定期的等级评估，及时调整干预方案。

2. 自伤或自杀的干预流程

自我伤害是一种复杂且危险的心理病理行为，表现为个体蓄意以不同方式破坏自己的身体组织，具体伤害形式可能有多种。自伤与很多心理问题/障碍存在相关，并会增加自杀的风险。

自杀行为是指个体有意识、自愿地直接结束自己生命的行为。其特征包括由自己造成、有意图性、结果具有致命性。自杀行为的概念范围十分广泛，包括与自杀有关的想法、非致命性自杀未遂和致命性的自杀等。如今，青少年的自杀现象引起了社会上越来越多的关注。

该类行为的干预流程如下。

积极介入，确保安全。班主任及学校心理危机干预小组第一时间了解学生状况，稳定其情绪。同时，及时联系学生家长或监护人，客观说明事实情况。

评估等级，是否转介。评估学生的心理危机等级，若其程度已超过学校心理教师的干预能力范围，则建议其转介到专业咨询机构或去精神卫生机构做进一步检查。

寻求帮助，制定方案。危机工作者应该帮助学生找到引起自杀意念的原因，与当事学生合作，有针对性地制订帮助计划。在计划执行的过程中，要对学生的积极行为和进步给予肯定。同时，在整个干预过程中，要根据情况适时强化学生的独立性，减少依赖性。

及时跟进，整理档案。对已转介的学生，班主任及学校心理教师要定期与学生家长或监护人沟通，汇报学生情况。对在校进行心理辅导的学生，要对学生的状况进行定期评估，确保计划的执行，加强监督。

3. 校园欺凌危机事件的干预流程

欺凌是一种目标导向性的攻击行为，具体表现为力量较强的一方蓄意或恶意实施攻击，使力量较弱的另一方受到伤害的行为。一般而言，校园欺凌是指发生在校园情境之中、学生之间的欺凌事件。欺凌有三个核心特征：①蓄意伤害性，欺凌行为是一种故意实施的攻击行为，目的是对他人造成伤害；②力量不平衡性，欺凌者和受欺凌者之间力量不对称，欺凌者可能具有年龄、身材、心理、人数或同伴地位上的优势，受欺凌者在遭受欺凌后难以反抗；③重复发生性，在一段时间内，欺凌者会经常欺凌他人，受欺凌者经常受到他人欺凌。根据欺凌行为实施方式的不同，欺凌行为可以划分为多种，包括身体欺凌、言语欺凌、关系欺凌及网络欺凌等。

该类事件的干预流程如下。

成立欺凌防治工作小组。欺凌防治工作小组应由校领导负责，成员由3～5位学校骨干教师组成。组长视事件严重程度召开危机干预小组会议，启动危机应对计划，明确干预流程。

事件发生时。校园中有学生受到伤害时，应第一时间对学生进行救治，必要时立即拨打110、120求助，同时保护现场、保护证人及证据。按照保护性原则通知家长或监护人到校，将学生受害情况告知家长或监护人，陪同家长或监护人到医院看望，并注意稳定家长或监护人的情绪。对欺凌学生进行警示教育，加深对其欺凌行为的认识。要求其对受欺凌学生进行道歉、赔偿，并做出不再实施欺凌行为的保证。收集资料，了解欺凌行为的发生原因。可以从以下几个方面收集资料：个人因素，如适应性等；学校因素，如学业压力、同伴交往等；家庭因素，如父母教养方式、家庭结构等。

事件结束后。学校防欺凌小组须安排心理教师对涉事学生进行心理辅导。一方面，通过角色互换使欺凌学生了解受欺凌者的感受，加深对不良行为的认知。另一方面，分别针对欺凌者和受欺凌者的不同情况，进行个体辅导。使欺凌者反思不良行为，同时减弱受欺凌者因为该事件而遭受的不良影响。

与双方父母沟通。明确家长或监护人与学校在欺凌事件中各自所承担的责任。学校心理教师要定期回访，与涉事学生家长或监护人沟通，确保干预效果。

教师培训。校园欺凌的发生有其特殊的心理-社会生态机制。欺凌的预防也是一项高度专业化的工作，具体的预防指南详见中国反校园欺凌网。学校应对教师开展处理校园欺凌事件的专业培训。

4. 突发公共卫生事件中的心理干预建议(以新冠肺炎疫情为例)

突发公共卫生事件，是指突然发生，造成或者可能造成社会公众健康严重损害的重大传染病疫情、群体性不明原因疾病、重大食物中毒事件以及其他严重影响公众健康的事件。新冠肺炎疫情是当下影响范围最广的突发公共卫生事件。中小学生是这一突发事件的重要暴露对象，疫情之下，我们要特别关注儿童青少年的心理与精神健康状况。

在这类干预过程中，学校应从以下方面开展工作。

网络心理辅导讲座。对于不能正常开学的学校，学校危机工作者应及时通过网络为学生举办心理健康讲座，普及相关知识，加强与学生之间的沟通，减轻学生的心理压力。

学校心理辅导电话热线。按需增设心理辅导电话热线，及时了解学生问题，给予学生鼓励和支持。

个性化辅导方案。危机干预人员与班主任及任课教师要了解学生上网课的情况，及时制订有针对性的网络辅导计划，尽力帮学生恢复正常的学习节奏。

重点个案干预。加强对学生的心理疏导，评估学生的心理状况，对重点个案制订针对性干预计划。

家校联动机制。加强家校联动合作，倡导学生在家进行健康作息、均衡饮食、规律睡眠、科学运动。

返校后评估心理状况。开学后应对学生心理状况进行排查，同时对有新冠肺炎接触史、隔离史及确诊史和出现适应性问题的学生予以重点关注。

(五)常用的心理危机干预技术

学校应定期组织心理辅导及危机干预培训，要求心理教师及班主任掌握一定的干预技术。

1. 一般干预技术

建立良好关系。干预过程中，教师要给予学生充分的尊重，无条件关注其行为和情绪。同时教师也要真诚展现自我，不要采取居高临下的姿态。

复述。教师可以通过复述学生的话，给予提示，帮助学生厘清思路。

良性忽略。教师只关注学生的优点或学生存在的主要问题，不同时处理多个问题。

2. 专业干预技术

学生情绪紧张时，班主任及心理教师应帮助学生进行情绪调节。掌握一定的专业干预技术，有助于缓解学生焦虑，调整学生情绪。

专业干预技术中常见的方法如下。

放松训练法。包括舒缓音乐放松法、运动放松法、被动式肌肉放松法、渐进式肌肉放松法和心理疏导法，这几种训练方法可以两两结合使用（见附录7）。

空椅子技术。个体不断换坐两张椅子，扮演冲突情境的两方，通过不断对话的形式进行情绪宣泄。

安全岛技术。使用想象法，设置一个独立、安全、舒适的环境以达到放松身心、缓解负面情绪的效果。

正念练习。个体通过身体扫描、正念呼吸、减压训练、情绪训练、正念慈心训练、睡前感恩训练等方法来觉察身体每个部分的感觉，将当下的注意力集中于个体内部的体验或对外部情境的感受上，培养个体的专注力和洞察力。

除了以上几种专业的干预技术，还有其他能够缓解中小学生心理问题的放松技术。广大中小学教师有必要参加心理辅导有关的理论学习和系统性技术培训。

（六）心理危机预警的家校联动机制

学校应连同学生家长或监护人一起，充分利用学生的家庭资源，实现对学生的多维度心理干预。

1. 心理健康信息反馈制度

班主任及心理教师将学生的在校情况不定期反馈给家长或监护人。对于识别出有心理危机的学生，学生班主任及心理教师应及时将评估情况告知学生家长或监护人。

2. 班主任-家长联系制度

班主任与家长或监护人定期交流，及时了解学生在校、在家的表现，尽快识别有心理危机的学生。

3. 家校支持系统

班主任和家长或监护人相互配合，针对学生情况提供多层次支持，及时给予学生关注和帮辅。

（七）转介机制

对于那些问题程度超出学校干预能力范围的学生，教导主任、班主任、心理教师应及时与该生家长或监护人进行面谈，按情况转介至相关专业机构。

1. 转介对象

第一类，有严重心理障碍和心理疾病的学生，如有严重的抑郁症、精神分裂症，出现自伤、自杀行为或伤害他人等恶性事件的学生。

第二类，问题程度超出学校干预能力范围的学生。

第三类，不愿在学校接受心理咨询，希望转介的学生。

2. 转介事项

报备。学校心理教师应及时向学校危机干预小组有关负责人报备，并联系学生家长，提供转介就医的地点及手续指导。

转介前。学生转介前，应填写《学生转介登记表》（见附录8），通知教务处做好请假或休学登记。

转介后。班主任及学校心理教师应定期与学生家长沟通，及时了解学生在外就诊情况，做好学生就诊情况记录，归入学生心理档案。

二、与学生沟通

（一）建设方案

与学生的沟通应贯穿整个危机干预的过程，从收集学生信息到建立学生心理档案，学校要通过班主任实时监督学生的心理动态发展，制定个性化干预方案。

1. 心理危机预警

预警系统应建立在学生出现心理危机之前。从学生入学起，就要开始收集其基本信息，完善学生心理档案。

2. 心理危机检测

通过筛查明确重点辅导个案，并通过与学生进一步的沟通，明确学生的心理问题，在此基础上制定个性化的干预方案。

3. 适时干预

干预过程中，若发现学生表达出了自杀或伤害他人的意念，可以适时与其沟通，确定动机，适时干预，保护学生生命和校园安全。

（二）谈话内容与技巧

1. 谈话内容

了解学生的基本信息。了解学生的家庭及社会生活背景、兴趣爱好、学习生活近况及有无心理咨询经历等情况，了解当事学生的基本生活信息，以便为当前的危机干预提供参考。

确定学生的问题与症状。谈话过程中，班主任或学校心理教师要确定学生目前存在的问题，同时记录和整理学生表现出来的言语及非言语信息。

2. 倾听的技巧

尊重。要保持目光接触，认真听取学生的谈话内容，适当辅以点头、微笑等反应，使对方感觉到尊重。

积极关注。以积极的态度对待学生，包容学生积极和消极的情感，同时避免对学生的行为或想法进行主观评价。

真诚一致。教师通过言语、表情和肢体动作，真挚地表达自己对学生的悦纳，让学生意识到危机干预人员能够提供真诚的帮助。

共情。准确感知来访学生的内在想法，不仅要理解学生表达的确切内容，还要准确把握学生尚未意识到的内容，并给予反馈。

不要随意打断学生的话。对于模棱两可但很重要的信息，可以委婉地询问学生的意见，但是不要随意打断学生。

通过言语和行为传递善意，建立信任关系。询问过程中，班主任或心理教师应不时地记录重要信息，及时调整身体姿势，不时点头，表示理解、同意或赞许。

3. 询问的技巧

(1)开放式提问

教师对学生提出的问题是开放性的，没有固定的选项和答案，这样能够让学生不经意间表达出重要信息。

例如：

要求叙述："能不能告诉我……""在什么情况下……"

围绕机会："你打算……""它将如何帮你去……"

教师应尽量避免直接询问背后的原因。

(2)封闭式提问

封闭式提问一般用于两种情况：

第一，与学生的对话中有需要明确保密的信息或其他重要信息；

第二，学生的表达含糊不清时，须将学生引入正题。教师的提问如"你同意吗""是不是""有没有"等，而学生只能回答"是""不是"，或者选择其他选项作为简单明确的回答。

三、与家长沟通

（一）建设方案

家庭因素是危机状况出现的重要因素之一，家庭也是危机干预小组实行危机干预计划的重要支持力量。因此，为帮助中小学生解决心理危机问题，有必要建立从危机个案分层处理到家校协作干预的危机干预机制，向家庭提供资源支持，同时使得学校与家庭之间的沟通更加顺畅。

1. 危机个案分层处理

针对学生的心理危机等级，将危机学生归类，了解学生家长或监护人的情况，根据学生的危机等级和家长的特点进行针对性沟通，有效避免沟通中可能出现的矛盾，并分派人员跟踪整个沟通流程。

2. 保密制度及界限

学校危机干预小组首先要明确保密及保密例外的情况和界限。将危机事件告知当事学生的家长或监护人涉及突破保密原则。在突破保密原则前，要对于整个过程中可能出现的突发情况进行权衡和讨论，同时对可能涉及其他学生的情况进行有效处理，为接下来的家校联动建立基础和保障。

3. 定期组织宣传科普活动

缺乏心理健康和心理危机知识的家长往往会忽视学生的心理预警信号，这成为心理危机事件发生的风险因素。因此，在重要时间节点，学校要召开心理知识科普讲座或班会，侧重介绍学生心理危机的预警、评估、干预、转介、归档等相关知识。

4. 提升家长心理健康意识

与学生家长或监护人定期交流，构建家校协作育人的良性沟通机制。危机干预小组负责人针对心理危机学生出现的状况进行梳理，帮助其家长或监护人清晰了解心理危机成因，意识到危机状况的紧迫程度，提升心理健康意识。

5. 家校会谈机制

会谈机制主要针对出现心理危机的学生。会谈中，相关负责人要认真记录与家长或监护人沟通的情况，使用共情技术稳定家长或监护人的情绪，详细介绍学校有关规定，同时与家长或监护人建立稳定的合作关系，给学生提供更好的康复环境。

6. 家校协作干预制度

在学生入学前要求学生家长或监护人填写学生状况调查表，其中应涉及学生兴趣、学生的既往病史、学生的生活习惯、家庭结构、至少两位家长或监护人的联系电话等条目。如果发现入学前曾患过严重心理问题的学生，学校危机干预小组要及时与学生家长或监护人沟通，协商任务分工，明确权责，并商定干预方案。

(二)谈话内容与技巧

1. 谈话内容

由班主任和心理教师简单介绍学生在校表现，可以先强调学生的长处和优点，再从不同角度分析学生心理问题的主要诱因，让家长或监护人有更全面的了解，以便更好地与子女进行交流。

共情家长或监护人的感受，理解家长或监护人的处境，减轻家长或监护人的病耻感，为家校双方的合作打下良好基础。特别是对缺乏心理健康常识的家长或监护人，建议邀请心理教师对其进行心理健康知识的科普。

2. 说明学生情况

如果情况允许，预先告知学生，再安排相关教师与学生的家长或监护人见面。班主任联络学生家长或监护人时，应对其表示出关心和理解。在向家长或监护人说明情况时，需要注意以下几点。

选择合适的沟通人员。考虑最适合向家长或监护人说明情况的教职工人选。通常家长或监护人比较容易与已经有一定信任基础的教职员工沟通。

收集资料。尽量收集该家庭的相关资料，如家庭背景、现在可能面对的困难等。可预先准备本地社区的相关信息，如心理咨询机构等，以便有需要时向家长提供。

联络家长。留意家长或监护人有无建议的联络时间和方法，以便学校适时联络家长或监护人说明情况。在联络家长或监护人前，学校应该先决定通话时计划告知的内容。

信息传达。向家长或监护人传达重要信息时，最好用事例来清晰地表达所传递的信息或此次谈话的意图，可尝试用以下问题请家长或监护人表达看法：

“他(她)在家有没有伤害自己的行为?”

“他（她）在家的情绪状态怎么样？”

“这种情况从什么时候开始的？已经持续了多久？”

“孩子遇到问题会跟你们说吗？他（她）比较信任谁？”

支持计划。学校在关注家长或监护人的忧虑后，需要提供正面的、以解决问题为主的信息。在沟通过程中，学校要做好正面宣传，引导家长或监护人科学看待心理疾病，减轻家长或监护人的病耻感。学校与家长或监护人在制订支持计划时，可选用支持学生的不同方法，包括家人或亲友、学校人员或校外专业机构的协助。尽量鼓励学生参与其中，并让家长或监护人知悉学校将继续跟进学生的情况。

3. 关注当事家长的需要

共情家长。理解家长或监护人在处理子女的危机问题上需要援手。如果在谈话中发现家长或监护人感到震惊或悲伤过度，这些语句可派上用场：

“你们为了孩子读书这么辛苦地工作，真是很不容易，我们可以怎样帮助你？”

“我们明白这件事会对你的生活造成很大冲击，幸好你愿意接受协助，谁也难以独自处理好这件事情。”

协助步骤。学校可从以下方面协助家长或监护人：①让家长或监护人感受到情绪上的支持并建立希望；②帮助家长或监护人认清父母或监护人在协助子女渡过危机期间的重要角色；③消除家长或监护人关于自杀的错误认识，认识到移走自杀工具的重要性；④帮助家长或监护人了解个人可行的应对方法、可用的支持系统（如朋友及亲戚的帮助）以及自身的局限。

关注班内其他家长的需要。校方可以根据情况需要，酌情把危机事件告知有关学生的家长或监护人，让他们明白学校正在进行以及准备进行的工作，同时请他们留意子女的情况，有需要时应请家长或监护人到校商讨协助子女的方法。沟通时应注意以下几点：①尊重个人隐私，不要随意发放有关任何人的资料，尤其是当事人的资料；②只报告事实，避免臆测或假设，可告知家长或监护人校方已采取的适当措施；③当家长或监护人致电或前往学校查询情况时，校方须安排专人负责解答家长或监护人的疑惑。

四、危机干预后的管理与维护

(一)接纳学生复学

当学生配合专业人员进行一段时间的专业治疗，心理健康状况较为稳定后，根据医生诊断和自身的返校意愿可申请回校就读。学校应该按照学生复学流程做好重新接纳学生就读的准备，见图 4-2。

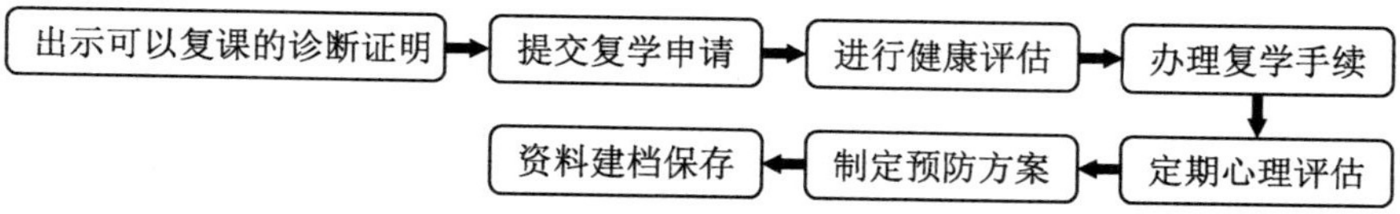

图 4-2　学生复学流程图

1. 复学前期准备

首先，学生家长或监护人持医疗机构开具的该学生可以复课的诊断证明、病历和其他所需材料，向学校提出书面申请。

其次，学校心理教师应对学生进行复学评估(见附录 9)，将复学后可能发生的问题和需要面对的压力事件明确告知学生和家长或监护人。

最后，家长或监护人需要了解并对学生复学后因病情反复而产生的后果承担相应的责任。

2. 复学手续的办理

学校心理健康教育中心在确认学生符合复学条件后，批准该生复学。心理教师填写学生复学评估告知书，然后家长或监护人按照流程办理复学手续。

3. 后续注意事项

关注学生情况。班主任协助复学学生建立良好的支持环境，避免班内其他同学与其发生冲突。心理教师应定期关注学生复学后的心理状况，每月进行心理辅导。心理教师可以联动其他人员(学科教师、班主任等)随时了解学生心理动态并进行评估，及时将结果反馈给班主任与学校。

保护个人隐私。注意保护学生隐私，并告知相关人员应注意的保密事项，不议论、传播复学学生的患病信息。

制定预防方案。为防止当事学生复学后可能因病情反复再次发生心理危机，心理教师要提前制定预防方案，定期进行心理咨询，做好风险评估，并及时制定应对措施。

资料建档保存。学校心理健康教育中心应做好学生复学后的资料建档，要求一人一档。

(二)复学后的教育与管理

1. 复学后的安排

学生重返校园后在适应性方面可能会承受一定压力，因此其他学生与其相处时，应多理解、帮助该学生，同时班主任和学校应为学生做出适当的安排。

回归课堂。学生重返校园后根据自身实际情况调整上课时间，先在一天中的部分时段回归课堂，逐步实现全天式的回归。学校应对学生给予必要的包容和支持。

作业。教师根据学生的需要，调整作业要求或延长提交的时间。当学生逐渐适应后，应循序渐进地提高作业要求，帮助学生适应日常学习与活动。

情绪支持。确保学生所信任的教职员工能及时给予学生情感支持，协助学生重建社会支持网络。

应对压力。心理教师可适当为学生安排抗压训练，提升应对技能。与学生日常相处时多给予鼓励以增强其信心。

会面。学校辅导人员应定期与复学学生、家长或监护人会面，了解学生的康复进展并做出跟进评估。

2. 复学后的朋辈支持

对于重返校园的学生，学校可在以下方面帮助学生获得校内同学的理解与支持。

营造积极与关爱的氛围。严格管理复学学生信息的同时，在班级中营造积极与关爱的氛围，帮助该生逐渐恢复日常的活动，降低复学适应困难。

帮助建立朋辈支持体系。鼓励复学学生积极寻求其他同学的帮助。若该生社交能力较弱，无法正常融入校园生活，班主任及心理教师应在该生返回校园初期，帮助学生建立朋辈支持体系。

3. 确保复学过程中的家长参与

家长参与。学生重返学校的适应过程离不开家长或监护人的参与。家长或监护人需要清楚复学过程中采取的不同措施及其达成的目标，并适当调整期望。学校教师与家长或监护人沟通时需要回应他们的顾虑：在哪些方面需要得到家长或监护人的同意及原因？学生课程计划有什么特殊安排？家长或监护人应在哪些方面调整对子女的期望？

家庭支持。家长或监护人是了解、识别未成年子女心理危机（如自杀征兆），并进行初步干预的最佳人选，建议家长通过以下方式支持他们的子女：①对子女多加陪伴，一起参与活动，让子女感受到父母或监护人的关爱；②当子女有困惑时，家长或监护人应从不同角度进行引导，及时解决问题，避免指责和批评，并认真对待子女的感受；③家长或监护人在如何控制自身行为、表达情绪及照顾自己方面为子女做出示范，明确告知子女无论何时都以安全为先；④家长或监护人可适当引导子女发掘兴趣和发挥自身优势，同时鼓励子女结交朋友和维系友谊；⑤家长或监护人可在有需要时积极寻求专业协助。

第五章　伦理规范

学校心理健康教育是一项系统的助人工作，除应具备专业的知识和技能外，还应遵循工作伦理规范。伦理规范对内有助于明确心理健康教育工作者的专业行为、保障其教育或服务质量，对外有助于维护学生的健康和权益、赢得家长与社会公众的信任。

一、学校心理健康教育的常见伦理问题

如今整个社会对心理健康日益重视，相应实践中的伦理问题也逐渐凸显，相关工作需要不断规范与加强。在学校心理健康教育实践中，有的心理健康教育活动缺乏实效、心理帮辅效果差、来访者脱落率高等，除与工作人员的专业知识和技能不足有关外，不符合专业伦理的工作方式与行为也是一个不可忽视的原因。

（一）常见的伦理问题

学校心理健康教育中常见的伦理问题多发生在课程教学、团体辅导、个别辅导与咨询的过程中，其中个别辅导与咨询中的伦理问题较为突出。

1. 课程教学中的伦理问题

主要表现为在学期课程结束后给予学生等级评价，在课堂上公布或讨论学生的心理测查结果，将学生在心理健康教育活动课上的表现与学科评价结合等。

2. 团体辅导中的伦理问题

主要表现为团体辅导的主题设置不合乎成员的发展特点，团体辅导带领过程中忽略个别成员或实施了不当评价，在团体活动中不能保持价值中立等。

3. 个别辅导与咨询中的伦理问题

主要表现为缺少学生及家长或监护人的知情同意，违反签订的保密协议，缺乏专业资格能力，不当的收费或收礼，不当的测评及对测评结果的

解释，没有妥善保存来访者资料，不尊重来访者，不当的公开发言或在公开场合谈论来访者的问题，在发现未成年学生受到虐待或伤害时没有突破保密，不当的转介，不当的双重关系或多重关系，发现来访者的危机但未能预警，欺骗或非法的广泛宣传等。

需要注意的是，目前有的学校心理教师同时兼任学科课程或学生管理工作，很难避免双重关系或多重关系。双重关系或多重关系是指咨询师与来访者在咨询工作之外存在的其他社会互动关系。不是所有的双重或多重关系都有害，但是那些影响来访者的利益或身心健康的双重或多重关系是必须要避免的。

（二）相关的伦理守则

目前业界公认的相关的伦理守则是《中国心理学会临床与咨询心理学工作伦理守则（第二版）》（以下简称《守则》）。《守则》中的总则包括善行、责任、诚信、公正和尊重五个方面的规定。《守则》中的细则针对专业关系、知情同意、隐私权与保密性、专业胜任力与专业责任、心理测量与评估、教学、培训与督导、研究与发表、远程专业工作（网络/电话咨询）、媒体沟通与合作、伦理问题处理共十个方面做了详细规定。

（三）专业伦理的学习与实践

《守则》指出，从事心理健康教学、培训、实践等工作的人员必须要遵守专业伦理规范，以更好地促进来访学生的健康，增进其幸福，不伤害来访者或将可能产生的伤害降至最低。因此，各级各类学校心理健康教育专业人员应熟悉专业伦理，并具备敏锐的伦理觉察力和判断力。建议从以下三个方面加强专业伦理的学习与实践。

1. 加强伦理和法规教育

将专业伦理和法规教育纳入学校心理教师的继续教育计划中，开设系统的专业伦理教育课程，培养专业人员的伦理觉察力及处理伦理问题的能力。

2. 学校要强化伦理的实践机制

通过职前与在职训练、督导制度、成立伦理问题处理小组、设立伦理问题应对程序等持续加强本校的伦理实践。

3. 持续提升专业人员的专业胜任力

针对学校心理教师、班主任等开展专业胜任力培训，提升心理健康教育的专业知识技能的同时，强化专业伦理的学习与实践。

二、学校心理健康教育的具体伦理规范

中小学心理健康教育伦理原则和规范包括中小学心理教师的角色责任、与来访者的关系、保密原则、知情同意原则、案例资料的处理、心理测评和伦理问题的处理等方面的内容。

(一)中小学心理教师的角色与责任

在中小学开展心理健康教育的过程中，学校心理教师应明确自身有多种角色的责任，明确其中潜在的冲突。

中小学心理教师要明确职责界限，做专业的建议者。在学生心理健康教育及危机干预工作中，心理教师起着核心作用。在日常的学生管理中，班主任和年级主任占主导地位，心理教师的主要工作是给出专业、可行、合理的建议，并在具体的操作和管理上配合班主任和学校管理人员。学校心理教师在开展心理健康教育和处理心理危机事件时，可同时整合多方资源，建立“校—家—医—社”四位一体的协同模式，并在学校与医院之间建立绿色通道，实现医教结合。

(二)与来访者的关系

在心理健康教育与危机干预过程中，要注重循序渐进的方法，有的放矢地开展工作。学校心理教师既有教师身份又有咨询师的身份，这就要求学校心理教师在具体的心理教育活动中要以真诚、温暖的态度与学生进行交流、沟通，与当事人的关系既是师生关系，也是一种咨访关系。在危机干预的交流谈话阶段，可以从学生感兴趣的话题入手，缓解其情绪，打消危机当事人内心的防范意识，使其对学校心理健康教育工作产生正面的态度。

(三)保密原则

保密原则是心理健康教育工作中的核心伦理原则。心理教师对当事人的信息保密既是相关法律层面的要求，也是心理学工作伦理规范的要求。《守则》指出“心理师有责任保护寻求专业服务者的隐私权，同时明确认识到隐私权在内容和范围上受国家法律和专业伦理规范的保护和约束”。此外，心理危机干预中的保密要求有时需要同时考虑涉及未成年人保护的其他伦理规范或法律规定。

首先是保密程度的评定，中小学心理教师对存在心理危机的学生，需

要及时将其情况反馈给班主任或学校学生管理部门，以确保学生身心安全，这是中小学心理危机干预的常规做法。针对可能出现危险问题的来访学生，学校心理教师根据学生反馈信息加以干预会面临一些伦理难题。心理危机干预伦理的保密原则要求对涉及当事学生的隐私敏感问题进行保密，但是作为学校教师又不能完全拒绝学校对此类学生情况的知情权，尤其是一些学生正是由其班主任、年级主任发现问题后推荐而来的，咨询结束后班主任和相关分管领导都可能会希望知晓学生状况。其次，保密的方式需要变通灵活。例如，心理危机干预中，为征得学校同事的积极配合，可以选择匿名讲述大概情况，不透露敏感具体细节的告知方式。

在危机干预中，学校相关负责人、心理教师、班主任、家长等密切相关的人员组成工作联盟，这些参与人员也要尊重当事学生的隐私权。

心理教师应清楚地了解保密原则的应用有其限度，下列情况为保密原则的例外。一是求助者有伤害自身或他人的严重危险；二是不具备完全民事行为能力的未成年人等受到性侵犯或虐待；三是法律规定需要披露的其他情况。具体要求应参考《守则》中的相关伦理规范以及《中华人民共和国未成年人保护法》等国家法律法规的细则。

（四）知情同意原则

学校心理健康教育以及心理危机干预中的知情同意是指在相关活动实施前，当事人有权了解心理教师将对其采取何种工作以及这样做的目的和原因。当事人可以对教师采取的措施表示同意或拒绝。中小学心理教师要尊重来访者的知情权并征得其同意，且保密例外原则是知情同意伦理的重要组成部分。即便与当事学生主动提及保密原则的例外情况可能会引发学生的抵触情绪、破坏咨访关系，教师仍需向学生适当说明保密原则存在的强制界限。

（五）案例资料的处理

当事人的案例资料应存放于安全的地方，最好使用专门的文件柜并上锁，案例文件夹应关闭，当事人的姓名、班级等信息不应显露在外。

负责保管危机干预案例相关资料的教师不应把带有咨询记录及含有当事人信息的草稿文件随意丢弃，而应及时进行销毁。

心理教师因专业工作的需要对危机干预案例进行讨论，或采用案例进行教学、科研、写作时，应事先征得当事人的书面同意，并隐去当事人身份相关信息以及可能辨认出当事人的相关信息后方可使用。

（六）心理测评

对学生实施心理测评同样应遵守心理健康教育与危机干预的伦理原则以及中国心理学会发布的《心理测验管理条例》。对心理测评的过程、性质和意义应做出简单介绍，并可以考虑介绍一下研究目的和假设；对参与测评的学生的个人信息加以保密，不得用于学校心理健康教育或危机干预以外的用途；如果测评者或研究者需要获知相关信息，应提供一份有关保密的书面保证书；在测评前，告知参与测评的学生有权随时退出测评；如果参与测评的学生在测评过程中受到了某些伤害，学校应及时提供心理咨询和后续的帮助。

（七）伦理问题的处理

学校应建立和完善心理教师督导机制。对于学校心理健康教育以及危机干预中出现的违背伦理行为采取零容忍态度，并根据相关法律法规、行业伦理规定进行相应的处罚和惩戒。视情节严重程度，可采取口头警告、强制培训、调离心理教师工作岗位等惩戒措施，对于构成违法犯罪的行为，由相关部门实施刑事制裁。具体要求应参考《守则》第 10 条规定。

第六章　学校心理健康教育的组织与管理

加强心理健康教育的组织管理工作是提高学校心理健康教育的科学性、规范性和实效性的重要保障。现阶段，部分地区的中小学心理健康教育工作仍存在规范性不足、科学性不强、随意性较大等问题。对此，建立科学合理的心理健康教育管理体系，健全工作制度，成为当下亟须落实的工作。

一、学校心理健康教育的组织管理模式与机制

(一)组织管理模式

全校整合的心理健康教育工作可以采用以下组织管理模式(图 6-1)。

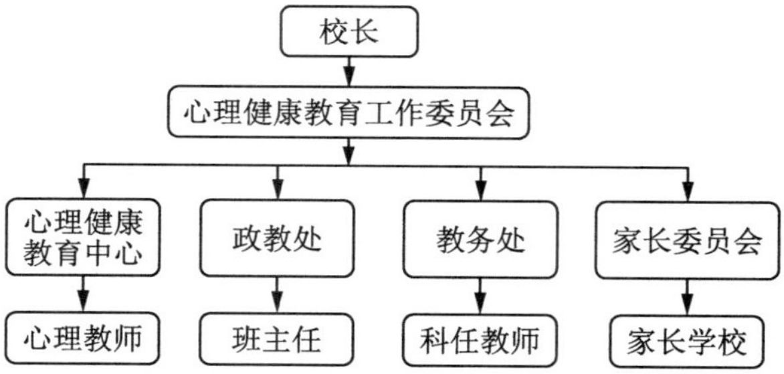

图 6-1　全校整合的心理健康教育工作管理模式

1. 校长负责制

实行校长负责制是加强心理健康教育管理的关键一步。实行校长负责制，有利于提高全校教职工对心理健康教育工作的重视程度，强化全员重视心理健康教育的意识，提升心理健康教育工作在全校工作中的地位，方便协调人员、经费、时间、场地等方面的资源，为心理健康教育工作提供保障。

实行校长负责制，还有利于推动心理健康教育在学科教学、校园文化

建设等方面的全面渗透，加强心理健康教育的外部支持。

2. 心理健康教育工作委员会

成立学校心理健康教育工作委员会，具体负责心理健康教育相关工作的指导、协调、监督等工作。

心理健康教育工作委员会应至少包含以下人员：校长，心理健康教育中心、政教处、教务处、家委会等相关部门负责人，学生家长代表，心理健康专家，精神卫生专家，社区工作人员等。

心理健康教育工作委员会的职责包括：制定本校的心理健康教育工作制度；制订并部署全校的心理健康教育工作计划；协调校内外心理健康教育力量和资源；对本校的心理健康教育工作开展监督和评估。

3. 校内相关部门的职责

心理健康教育中心是学校负责心理健康教育各项工作的专业部门。中心应由中心主任、专职心理教师、兼职心理教师或兼职心理咨询师等组成。心理健康教育中心负责拟定学校心理健康教育的整体工作计划、开设心理健康教育课程、心理健康筛查、心理辅导、心理健康知识科普宣传、学生心理档案建设等工作；同时要与班主任、科任教师等开展教学研讨，指导心理健康教育在学科教学与学生工作中的渗透。

政教处负责开展学生管理工作研讨，指导班主任在班级管理和学生工作中开展心理健康教育渗透，组织开展心理健康教育主题班会和心理健康团队活动等。

教务处主要负责心理健康教育课程的安排，保证心理健康教育有足够的课时，保证心理健康教育教学质量。此外，教务处要开展心理健康教育教学研讨，指导科任教师在学科教学中渗透心理健康教育。

家长委员会是协助学校开展心理健康教育工作的重要机构，主要负责通过家长学校开展家庭教育指导等工作，为学校心理健康教育工作提供外部支持，同时协助学校对心理健康教育工作开展监督、评估。

(二)工作机制建设

为保障心理健康教育工作的顺利开展和高效运行，应专门就机构设置、经费来源、人员配置、办公设施、机构工作关系、伦理准则、教师工作量考核等有关问题，以相应的文件方式做出规定。规定下发有关职能部门、各有关业务处室及班主任，并敦促遵照执行。学校须制定的工作制度至少包括学校心理健康教育工作管理条例、心理健康教育保密工作条例、重大心理问题管理办法、心理辅导预警和信息反馈管理办法、心理教师工作量考核办法、学校心理健康教育工作评估办法等。

此外，以下两项内容需要重点考虑。一是心理健康教育活动课的课时安排。学校要在已有的课程设置中合理安排心理健康教育课的课时，确保心理健康教育课程在各年级的常态化开设。二是心理健康教育工作的激励机制。建立符合心理教师工作特点的激励机制。严格落实中小学心理教师享受班主任同等待遇的政策。把心理辅导工作、心理健康教育科研工作以及相关学术讲座和报告等纳入学校科研管理和激励机制，与晋升专业职务挂钩，并提供相应的科研补贴或奖金。

二、心理健康教育中心的建设与运行

(一)心理健康教育中心的建设

心理健康教育中心应设在相对独立的场所，所在位置要便于学生来访，但是又具有一定的隐蔽性。应选择明亮、舒适、整洁、安静、隔音好且稍具隐蔽性的地方。本着方便学生进出的原则，应尽量设在图书馆、阅览室附近，不宜设在学校办公中心区，要远离操场、运动室、会议室、音乐室、楼梯口、卫生间等场所，特别是不能在校长和教师办公室附近。总体而言，心理健康教育中心的选址要能够给学生带来心理上的安全感和宁静感，以减少学生来访时的心理压力，方便学生寻求心理支持。

心理健康教育中心包括一系列功能相对独立的区域，负责办公、辅导等不同工作，以保证心理健康教育各项工作的充分开展。

1. 心理教师办公室

该类教师办公室是专兼职心理教师办公、接受学生预约的区域，也是存放相关教学档案和资料的场所。面积以12～20平方米为宜。室内布置宜采用明亮、自然、大方的风格。可配置办公桌椅、资料柜、电脑、打印机、电话、沙发、茶几、心理挂图等。

2. 心理辅导室

心理辅导室是提供个别心理辅导的场所。房间不应太大，面积以12～15平方米为宜。室内布置宜采用安全、柔和、温馨的风格。采光通风条件好，室内装饰风格温馨、宁静，尽可能减少线条和棱角，避免强烈刺激性颜色和灯光；设施简洁大方，摆放适宜、安全舒适。可配置两张椅子、一张圆角茶几以及饮水器具、面巾纸等，可在适当的地方摆放鲜花、盆景及书画。辅导室应该尽量给来访学生提供安全、宁静、亲切、柔和的感觉。

3. 心理活动室

心理活动室是开展心理健康活动课教学和针对某一心理问题进行室内团体辅导、游戏辅导的场所。活动室通常兼有心理健康活动课教室和团体辅导室的功能，面积以30～60平方米为宜。室内布置宜采用轻松、活泼的风格，色调应以温暖舒适为宜，墙壁、窗帘等大块的颜色以偏明亮的暖色系列为宜，如淡黄色或粉红色。地面可铺木质地板或耐脏地毯，方便开展室内游戏活动。心理活动室可根据团体活动的规模或团体辅导的需要，分隔为活动区和观察区，中间用单向玻璃隔开，活动区可设置一面涂鸦墙。可配置组合活动桌椅、活动道具、抱枕、沙盘游戏器材、心理挂图、白板以及电脑、投影仪、音响等多媒体设备。

4. 心理阅览室

心理阅览室是心理图书资料的专用阅览室，面积大小可根据学校条件和在校学生数而定，一般至少能容纳20人。室内应以安静色调为主，可配置书柜、阅览架、桌椅以及心理学方面的图书、报刊等。

5. 心理测评室

心理测评室是用于个别心理测量以及记录和存放学生心理档案的场所，可兼有心理档案室的功能。通常需要一个安静、独立的房间，尤其不要和心理咨询室共用，以保证心理测量过程不受干扰、结果准确。室内要配置电脑、打印机、复印机、课桌椅、文件柜、各种量表和测量仪器，以便于为学生进行各种心理测量服务。测量工具的使用要符合规范，禁止使用影响学生身心健康的仪器设备。

6. 心理放松室

心理放松室是供学生放松情绪、调适心态的场所。可以在此进行放松训练，面积以20平方米左右为宜。室内布置宜采用温暖、优雅、简洁的布置格局，墙壁等以淡淡的暖色调为主。可配置音响器材、音乐放松椅、按摩椅、哈哈镜、用于游戏的玩具以及放松音乐磁盘、面巾纸等。

7. 心理宣泄室

心理宣泄室是供学生宣泄情绪的场所，面积以8～30平方米为宜。环境设施宜采用简单的布置格局，注意安全性。地面可铺耐脏地毯，注意隔音效果，墙壁等以冷色调的大块颜色为主，适当配以挂画。可配置人形不倒翁、涂鸦墙、敲击乐器和沙袋、拳击手套、球类、跑步机等可以满足大运动量的器械以及宣泄音乐磁盘、面巾纸等。

以上区域在设置时要相对独立，以互不干扰为宜。除此之外，各学校还可根据需要配置沙盘活动室等专项功能室。

(二)心理辅导室的运行与管理

1. 开放时间

心理辅导室的开放时间可视人员数量和经费状况选择定期或不定期开放、全天或择时开放等方式。开放时间的确定一般应考虑如下因素：满足学生的辅导与咨询需求；开放时间与学生的上课时间不冲突；应开放的时间务必开放，不随意调整开放时间。

2. 服务对象

心理辅导室的服务对象主要是本校学生，也可接待有相应需求的教职工和学生家长。资质水平较高的心理辅导室在满足学生需求之外，也可面向社区大众提供服务。服务对象的拓展有利于心理辅导室的自身建设。

3. 收费问题

一般来说，学校心理健康教育中的辅导与咨询对学生是免费的。面向校外来访者，比如家长、其他社会人员等时，可收取一定费用。收取一定的费用有助于系统地开展心理辅导和咨询活动；还可以增加学校心理健康教育中心的经费收入，可以更好地服务本校心理健康教育工作。

附录1　学生心理档案

<table>
<tr><td colspan="10">个人情况</td></tr>
<tr><td colspan="2">姓名</td><td></td><td>班级</td><td></td><td>性别</td><td></td><td>出生年月</td><td colspan="2"></td></tr>
<tr><td colspan="2">民族</td><td></td><td>籍贯</td><td colspan="3"></td><td>学习情况</td><td colspan="2"></td></tr>
<tr><td colspan="2">家庭住址</td><td colspan="8"></td></tr>
<tr><td colspan="2">兴趣爱好</td><td colspan="8"></td></tr>
<tr><td colspan="2">健康状况</td><td colspan="4">良好　一般　较差　很差</td><td colspan="4">请说明具体情况：</td></tr>
<tr><td colspan="2">过往病史</td><td colspan="8">□无　□脑炎　□癫痫　□心脏病　□哮喘　□过敏症　□肺结核
□小儿麻痹症　□其他(请说明)：</td></tr>
<tr><td colspan="2">家族成员有无精神病史</td><td colspan="8">有　　无　（如果有，请说明情况：　　　　　　　）</td></tr>
<tr><td colspan="10">家庭情况</td></tr>
<tr><td rowspan="6">家庭成员</td><td rowspan="2">称谓</td><td rowspan="2">姓名</td><td rowspan="2">年龄</td><td rowspan="2">职业</td><td rowspan="2">性格特征</td><td colspan="4">对他（她）的喜爱程度</td></tr>
<tr><td>喜爱</td><td>较喜爱</td><td>无所谓</td><td>不喜爱</td></tr>
<tr><td>父亲</td><td></td><td></td><td></td><td></td><td></td><td></td><td></td><td></td></tr>
<tr><td>母亲</td><td></td><td></td><td></td><td></td><td></td><td></td><td></td><td></td></tr>
<tr><td></td><td></td><td></td><td></td><td></td><td></td><td></td><td></td><td></td></tr>
<tr><td></td><td></td><td></td><td></td><td></td><td></td><td></td><td></td><td></td></tr>
<tr><td colspan="2">父母关系</td><td colspan="8">□和睦　□不和　□分居　□离异</td></tr>
<tr><td colspan="2">家庭气氛</td><td colspan="8">□和谐　□普通　□欠和谐　□沉闷　□其他</td></tr>
<tr><td colspan="10">重大负面生活事件</td></tr>
<tr><td colspan="2">序号</td><td colspan="2">时间</td><td colspan="6">事件经过</td></tr>
<tr><td colspan="2">1</td><td colspan="2"></td><td colspan="6"></td></tr>
<tr><td colspan="2">2</td><td colspan="2"></td><td colspan="6"></td></tr>
<tr><td colspan="2">3</td><td colspan="2"></td><td colspan="6"></td></tr>
</table>

附录 2　心理筛查结果反馈书

__________班主任：

心理健康教育中心于____年____月____日至____月____日对____级学生开展了新生心理健康普查工作，现就普查情况反馈如下：

【测验介绍】

1. 心理健康诊断测验(MHT)

该量表旨在评估儿童和青少年的心理健康状况。量表共 100 个题目，包含了学习焦虑、对人焦虑、孤独倾向、自责倾向、过敏倾向、身体症状、恐怖倾向、冲动倾向 8 个方面。如果量表总分超过 65 分，则表明个体可能存在着某种心理问题，需要身边的人给予相应的支持和援助。

2. 90 项症状自评量表(SCL-90)

该量表基于个体最近一周的状况，评定个体是否具有某种心理症状以及其程度高低。量表共 90 个题目，包含躯体化、强迫症状、人际关系敏感、抑郁、焦虑、敌对、恐怖症、偏执、精神病性 9 个方面。如果量表总分超过 160 分或者在上述维度中任一维度的因子分超过 2 分，则表明该个体可能有一定的心理问题。

3. 学习适应性测验(AAT)

该量表通过学生的近况评估学生学习的实际状态。量表共 150 个题目，包括学习态度(包括学习热情、学习计划、听课方法)、学习技术(包括读书笔记、学习技巧、应试方法)、学习环境(包括家庭环境、朋友环境、学校环境)和身心健康(包括独立性、毅力、人际关系)4 大方面。问卷总标准分或单项标准分低于 45 分，则说明该生在学习适应性方面确实存在困难，需要由专业人员依据测验的结果分析其问题所在，并进行个别指导。

【测验结果】____班共有____名学生参加测试，有效测试份数为____份。

学生心理预警名单							
序号	学号	姓名	性别	MHT 总分≥65	SCL-90 总分≥160	SCL-90 因子分≥2	AAT 标准分≤45
1							
2							
3							
4							

【处理建议】

1. 请对心理预警名单中的学生给予更多的关注和鼓励。

2. 请结合学生的平时表现和普查得分，将需要重点关注对象的基本情况如实填入学生心理危机预警登记表中，并及时上报给学校心理辅导中心。

3. 根据学生需要，可与其进行沟通后推荐其到学校心理健康教育中心接受心理辅导。

4. 本次测验结果不能作为心理问题诊断的依据，请对测查结果严格保密。

附录3　学生心理问题登记表

<table>
<tr><td rowspan="3">基本信息</td><td>姓名</td><td></td><td>性别</td><td></td><td>出生年月</td><td></td></tr>
<tr><td rowspan="2">班级</td><td rowspan="2"></td><td rowspan="2">班主任</td><td rowspan="2"></td><td rowspan="2">家长联系电话</td><td>父亲：</td></tr>
<tr><td>母亲：</td></tr>
<tr><td>家庭住址</td><td colspan="6"></td></tr>
<tr><td>学习情况</td><td colspan="6">优秀(　)　良好(　)　合格(　)　待合格(　)</td></tr>
<tr><td>身体状况</td><td colspan="6">健康(　)　疾病(　)</td></tr>
<tr><td>主要表现</td><td colspan="6">该生是否存在下列症状，如果是，请在对应选项的括号中打“√”。</td></tr>
<tr><td colspan="7">一、严重心理危机：需平时重点关注与筛查</td></tr>
<tr><td colspan="7">(　)1. 经常无故迟到、旷课、逃学、请假。
(　)2. 家庭遭遇突发事件(如亲属离世、父母婚姻发生重大变故)。
(　)3. 情绪喜怒无常，容易被激怒。
(　)4. 经常无故责备自己，焦虑情绪严重。
(　)5. 和同学发生较为严重的冲突，甚至有打架行为。
(　)6. 性格孤僻不合群，少言寡语，人际关系适应不良。
(　)7. 经常遭受父母忽视，与兄弟姐妹经常发生冲突。
(　)8. 睡眠质量不好，常常失眠，做噩梦。
(　)9. 童年时发生过严重不良事件或遭受过心理创伤(如长期遭受欺凌等)。
(　)10. 近一段时间内经历的压力、挫折等负性事件较多(如身体疾病)。

【处理建议】学校应对该类学生重点关注，将情况报至学校学生管理部门进行备案，并及时由班主任联系家长或监护人，告知其学生的心理状态及风险，必要时建议学生至专业机构和医院接受诊断和治疗。建议采取学校、年级、班级的三级跟踪模式，并由学校专业心理教师提供指导帮助。</td></tr>
<tr><td colspan="7">二、重大心理危机：需紧急心理危机评估与干预</td></tr>
<tr><td colspan="7">(　)1. 情绪起伏不定，极端恐惧或者愤怒，情绪控制力低下，时常出现幻觉，自言自语。
(　)2. 和周围的同学、朋友谈论自杀，有自杀的想法或倾向，曾经有过自杀的行为。
(　)3. 封闭自我，自暴自弃，做出一些让人难以理解、与平时表现不同的事情，如打架斗殴、吸烟酗酒等。</td></tr>
</table>

续表

<table>
<tr><td colspan="2">（　）4. 情绪低沉，觉得人生没有意义，突然喜欢谈论死亡等话题。
（　）5. 无故向同学朋友说再见、永别等告别的话语，甚至留遗嘱给周围人，安排自己的身后事。
（　）6. 正在服用精神类药物、进行心理咨询或者已经筛查出患有精神疾病。

【处理建议】如果学生出现上述情况之一，须立即约谈学生并上报学校负责部门和心理健康教育中心。学校应确保该生人身安全并立即采取相应措施，由班主任和心理教师对学生进行疏导的同时，通知家长或监护人将学生送至医院心理科或精神卫生机构进行系统评估和治疗。</td></tr>
<tr><td>干预措施</td><td>是否对其心理危机采取过以下干预措施，如果是，请在对应选项的括号中打“√”。</td></tr>
<tr><td colspan="2">1. 是否已经密切追踪观察该生的异常情况？（　）</td></tr>
<tr><td colspan="2">2. 是否已建议家长或监护人带孩子进行医学心理诊断与治疗？（　）</td></tr>
<tr><td colspan="2">3. 班级措施：</td></tr>
<tr><td colspan="2">(1)已由班主任制定班级干预方案；（　）</td></tr>
<tr><td colspan="2">(2)已联系并约谈家长或监护人；（　）</td></tr>
<tr><td colspan="2">(3)关心该生并经常交流；（　）</td></tr>
<tr><td colspan="2">(4)班干部和同伴已对该生提供密切支持和帮助；（　）</td></tr>
<tr><td colspan="2">(5)已告知任课教师该生情况。（　）</td></tr>
<tr><td colspan="2">4. 其他措施(补充说明：可附上图片、文字记录等证明材料)：</td></tr>
</table>

附录 4　班级学生心理状态月报表

<table>
<tr><td>汇报人</td><td></td><td>班级</td><td></td><td>第____次汇报</td></tr>
<tr><td>汇报日期</td><td></td><td>班级人数</td><td></td><td></td></tr>
<tr><td colspan="5">在以下项目中，0 代表状态极差，10 代表状态非常良好，从 0 到 10，程度逐渐递增。请根据班级整体情况，在相应的数字上打“√”。</td></tr>
<tr><td>总体心理状况</td><td colspan="4">0　1　2　3　4　5　6　7　8　9　10</td></tr>
<tr><td>学习状态</td><td colspan="4">0　1　2　3　4　5　6　7　8　9　10</td></tr>
<tr><td>人际状态</td><td colspan="4">0　1　2　3　4　5　6　7　8　9　10</td></tr>
<tr><td>情绪状态</td><td colspan="4">0　1　2　3　4　5　6　7　8　9　10</td></tr>
<tr><td>睡眠状态</td><td colspan="4">0　1　2　3　4　5　6　7　8　9　10</td></tr>
<tr><td colspan="5">班级中特殊或需要特别注意的事件描述</td></tr>
<tr><td>1. 需要重点关注的具体学生，包括学生的姓名、性别、主要心理状态问题及需要哪方面的帮助等详细信息。
2. 班主任是否知情或已经采取了哪些具体措施。</td><td colspan="4"></td></tr>
<tr><td>汇报人本月所做的心理服务内容及感想，印象深刻的学生心理状况或事件，遇到的困难及希望得到的帮助等。</td><td colspan="4"></td></tr>
</table>

注：1. 请班主任详细认真地填写此表格。

2. 每月月底请将此表格交给学校心理健康教育中心。

附录5　不自我伤害契约书

姓名		性别		出生年月	
学号		班级		其他说明	
联系电话			家庭地址		

我清楚了解自己目前的心理问题和严重程度，但是仍然希望留在学校读书。我与老师约定，自今日起，我会珍惜生命，无论在怎样的情况下我都会好好爱惜自己，坚决不会做出伤害自己或他人的行为。当出现情绪低落，抑制不住自己出现自杀念头或伤害他人的想法时，我会立刻打电话给班主任、心理教师、家人、朋友或同学，或直接前往教师办公室求助。如果无法联系到班主任或者心理教师，我会及时拨打危机干预热线请求帮助。

我清楚知道一旦我出现严重的自伤(伤人)的行为，学校将立刻通知我的班主任及家长。

班主任姓名：__________________　电话：__________________

监护人姓名：__________________　电话：__________________

若我想自我伤害，我会先联系：

1. 姓名：___________　关系：_________　电话：__________________

2. 姓名：___________　关系：_________　电话：__________________

立约人：

学校心理健康教育中心(盖章)：

立约时间：　　年　月　日　时

附录6　安全责任承诺书

__________学校：

您好！我是贵校______年级______班__________同学的监护人。学校在孩子出现心理问题后，已对他/她进行了一系列的心理干预和辅导工作，并及时转介给校外心理专科医生。医院诊断为____________，医生建议复诊，配合医嘱持续服药，需要家长或监护人陪同接受心理治疗。

学校与孩子及监护人商量后，孩子和我本人希望继续留校学习。现特做如下承诺：

1. 遵守医嘱，监督孩子持续进行药物治疗，并在本人陪同下接受心理治病与疏导。

2. 定期与班主任沟通孩子的心理状况，按时复诊，我本人负责孩子的个人安全。

3. 孩子不在学校住宿，由我本人陪读并照顾孩子生活起居，每天负责上下学接送。

4. 如果孩子在校期间出现情绪低落、伤害性行为，我本人立即到校接回并安排就医，直至状态稳定。

5. 在此期间，如有任何意外情况发生，我本人愿意自行承担相应责任。

我将严格遵守上述承诺，希望贵校批准留校学习申请，谢谢！

监护人签名：

监护人联系电话：

日期：　　　年　　月　　日

附录7　放松练习指南

放松练习的含义：放松练习即通过音乐、运动、心理引导、肌肉放松等方法使学生脱离紧张状态，达到心理上的松弛和内部的稳定。

放松练习的适用对象：针对有轻微焦虑的学生或谈话前过度紧张、情绪不稳定的学生。

放松练习的要求：在专业教师的指导下学习与练习，遵照指导要求确定练习次数与时间。

放松练习的具体方法有多种。

1. 舒缓音乐放松法

操作流程：

在学校心理教师协助下，根据来访者喜好，选择合适的音乐类型。学生坐好以后，就可以配合音乐，调整呼吸，放松身体。

注意事项：

针对会谈前极度紧张的学生，学校心理教师可以询问学生的兴趣，选择学生喜欢听的音乐类型，音乐节奏和旋律要尽可能舒缓，音调平稳。

2. 运动放松法

操作流程：

结合学生兴趣，每天开展一小时户外或室内运动项目，如跑步、做课间操、踢毽子、打乒乓球等团体游戏或比赛，通过运动消除疲劳和焦虑。

注意事项：

学生每天运动时长要适量，结合学生兴趣开展活动，形式要多样，同时兼顾体育锻炼中的安全意识，有效提升锻炼实效。

3. 被动式肌肉放松法

操作流程：

询问学生是否要调整座椅，将座椅调整至学生感到比较舒服的姿势，随后，用语言提示：深呼吸2～3次……闭上眼睛……确保自己处在舒服的位置……我们暂时忘记今天发生的一切烦恼和不愉快的事……跟着我的提示，从脚尖的放松开始……一直到头部的放松。

注意事项：

确保环境安静舒适，要求教师使用言语指导全部放松过程，要注意语调和用词，语调平稳，节奏恰当，同时根据学生的理解能力选择用词。

4. 渐进式肌肉放松法（PMR）

操作流程：

通过连续使全身不同的肌肉组群不断紧张—放松的过程来集中个体注意力，整体上缓解焦虑。用力绷紧肌肉时，要求持续用力 5～7 秒，每部分肌肉的一张一弛做两遍。建议按照下列部位的顺序进行放松：右侧的手掌、前臂和肱二头肌；左侧的手掌、前臂和肱二头肌；前额、眼、颈和咽喉部；肩背部、胸、腹、臀部；大腿、小腿（脚尖向上，脚尖向下）和脚（内收外展）。

注意事项：

无论学生坐着还是躺着，以能够专注感受肌肉紧张和放松两种状态为宜。

5. 心理疏导法

操作流程：

教师和家长多陪伴学生，耐心倾听，引导学生向积极的方面思考，多与学生谈论他（她）感兴趣的话题。尽量保证每天 2 次，每次 30 分钟左右。

注意事项：

家长和教师要能够尽量了解学生兴趣，引导积极、正向的话题，避免说教和过分热情。与学生交流时要认真倾听，不要急于回应。

附录 8　学生转介登记表

<table>
<tr><td>姓名</td><td></td><td>性别</td><td></td><td>班级</td><td></td></tr>
<tr><td>转介日期</td><td></td><td>监护人</td><td></td><td>监护人
联系电话</td><td></td></tr>
<tr><td colspan="6">学生问题：</td></tr>
<tr><td colspan="6">评估记录：</td></tr>
<tr><td colspan="6">转介建议：

心理教师签字：</td></tr>
<tr><td rowspan="2">转介医院</td><td rowspan="2" colspan="2"></td><td>地址</td><td colspan="2"></td></tr>
<tr><td>联系电话</td><td colspan="2"></td></tr>
</table>

附录9　心理危机学生复学评估访谈框架

一、建立相互信任的合作关系

二、详述访谈性质及目的

性质：对达到复学要求的心理危机学生进行访谈。

目的：了解休学期间学生的学习和生活情况。

三、访谈内容

1. 就医情况：在哪家医院/门诊接受治疗、是否住院、中途是否转诊、住院期间主治医师提供的学生恢复情况及复学建议、学生回归校园后是否需要继续服药和治疗。

2. 生活情况：休学期间学生是否感到家庭氛围与之前有所变化、目前学生在家的情绪如何、学生感知到父母对待自己的态度或方式是否有所改变。

3. 主动复学的意愿：学生复学是学生自己还是其监护人提出的意见、学生主动复学的倾向是否强烈以及为什么想回到校园。

4. 自伤或自杀风险评估：复学前须对学生自杀或自伤的风险进行评估，作为评估复学条件的参考因素之一。

四、建立合作关系

1. 建立合作：针对仍需服药和治疗的学生，学校-家庭-医院应建立合作模式，遵循医嘱，合理治疗。

2. 学校动态跟进：针对学生复学后可能会出现的问题要及时发现和处理，定期复查与监测。

参考文献

[1]边玉芳，钟惊雷，周燕，等．青少年心理危机干预[M]．上海：华东师范大学出版社，2010.

[2]陈福国．学校心理咨询专业理论与技术[M]．上海：上海人民出版社，2008.

[3]陈家麟．学校心理健康教育：原理、操作与实务[M]．北京：教育科学出版社，2010.

[4]董奇．知心育人——适合每位教师的心理健康教育指导手册(小学版)[M]．北京：教育科学出版社，2021.

[5]董奇．知心育人——适合每位教师的心理健康教育指导手册(中学版)[M]．北京：教育科学出版社，2021.

[6]广东省中小学心理健康教育指导中心．广东省中小学心理危机干预手册[M]．广州：广东教育出版社，2020.

[7]况利．青少年自杀行为预防[M]．重庆：重庆出版社，2016.

[8]理查德·M.勒纳．应用发展科学[M]．张文新，等，译．北京：北京师范大学出版社，2013.

[9]理查德·M.勒纳，劳伦斯·斯坦伯格．青少年心理学手册．第2卷，青少年发展的环境影响[M]．张文新，等，译．北京：北京师范大学出版社，2015.

[10]施剑飞，骆宏．心理危机干预实用指导手册[M]．宁波：宁波出版社，2016.

[11]姚本先，伍新春．学生心理健康教育[M]．北京：中国轻工业出版社，2008.

[12]叶一舵．中小学心理健康教育教程[M]．福州：福建教育出版社，2015.

[13]张文新．儿童社会性发展[M]．北京：北京师范大学出版社，1999.

[14]张文新．青少年发展心理学[M]．济南：山东人民出版社，2002.

[15]张文新，高峰强，司继伟．心理学与教育[M]．济南：山东人民出版

社，2006.

[16]张文新，纪林芹. 中小学生的欺负问题与干预[M]. 济南：山东人民出版社，2006.

[17]浙江省中小学心理健康教育指导中心. 中小学心理危机筛查与干预工作手册[M]. 宁波：宁波出版社，2019.

[18]中国心理学会. 心理测验管理条例[J]. 心理学报，2015，47(011)：1415-1417.

[19]中国心理学会. 中国心理学会临床与咨询心理学工作伦理守则(第二版)[J]. 心理学报，2018，50，1314-1322.

[20]中国心理学会临床心理学注册工作委员会. 全国高校心理咨询中心规范性文件[EB/OL]. [2022-02-28]. http://www.chinacpb.net/public/index.php/xwz/zixun/info/leixing/53/id/704.html.

[21]Atkins M S，Hoagwood K E，Kutash K，et al. Toward the Integration of Education and Mental Health in Schools[J]. Administration and Policy in Mental Health and Mental Health Services Research，2010，37(1-2)：40-47.

[22]World Health Organization，Regional Office for the Eastern Mediterranean. Mental health in schools：A manual[EB/OL]. [2022-02-28]. https://apps.who.int/iris/handle/10665/347512.